बताओ मनु
कविता-संग्रह

बताओ मनु

सुषमा सिंह

हिन्द युग्म

ISBN : 978-93-92820-37-3

प्रकाशक:
हिंद युग्म
सी-31, सेक्टर-20, नोएडा (उ.प्र.)-201301
फ़ोन- +91-120-4374046

मुद्रक : श्री मैत्रे प्रिंटेक प्रा. लि., ए-84, सेक्टर-2, नोएडा
कला-निर्देशन : विजेन्द्र एस विज

पहला संस्करण : 2022
मूल्य : ₹199

Batao Manu
A collection of poems by *Sushma Singh*

Published By
Hind Yugm
C-31, Sector-20, Noida (UP)-201301
Phone : +91-120-4374046
Email : sampadak@hindyugm.com
Website : www.hindyugm.com

First Edition: 2022
Price : ₹199

मेरी माँ,

श्रीमती ऊषा देवी

के लिए

मुक्ति का महास्वप्न

स्त्री-कविता अभिधा-लक्षणा-व्यंजना की जिन अलग-अलग बुनावटों में उपस्थित है, उसके विश्लेषण से इस समाज की अलग-अलग सरणियों में अलग-अलग ढंग से मुकुलित स्त्री-चेतना के कई रंग उजागर हो सकते हैं और यह भी स्पष्ट हो सकता है कि स्त्रीवाद एकाश्म (मोनोलिथ) नहीं है। अलग-अलग वर्गों-वर्णों-नस्लों से जुड़ी स्त्रियों की कुछ समस्याएँ तो विशिष्ट हैं ही, पर कुछ विरासतें उसकी साझा भी हैं–देह सबके यहाँ शोषण की आधारपीठिका है और सबकी भाषा के आँचल में जातीय स्मृतियों की वही मूँगफलियाँ बँधी हैं, जिन्हें फाँकते हुए स्त्रियों ने अलग-अलग कोनों से मुक्ति का महास्वप्न देखा, नाली का कीचड़ साफ़ करते हुए चौके की पिढ़िया को पढ़ाई की मेज बनाने का उपक्रम साधते हुए।

सुषमा प्रतियोगिता परीक्षा के कई चरण लाँघकर कहीं पहुँची उन स्त्री कवियों में हैं, जिनमें बहनापे की आग बुझी नहीं है। संविधान द्वारा दिखाए गए सपने स्त्री-जीवन की विडंबनाएँ अभी तक नहीं काट पाए, क़ानून अभी भी काग़ज़ का फूल है–इसका प्रतिकार एक अलग तरह की अग्निधर्मा तेजस्विता के साथ इन कविताओं में उजागर है।

– ***अनामिका,*** *साहित्य अकादमी से सम्मानित कवयित्री*

कविता-क्रम

तू आज फिर क्यों उदास है ?

तू उठ, तोड़ दे अपनी वर्जनाओं की
बेड़ियाँ
तू तोड़ दे सीता के मानक
तू बन जा चंडी और काली
तू उठ, समाज को तेरे काली रूप की तलाश है

तू उठ, तू संहार कर उन मान्यताओं का
जिसने सदियों से जकड़ रखा है तुझे
तेरे पैरों में डाल दी है बेड़ियाँ
तू उठ, चल और बेतहाशा दौड़
और छोड़ दे बहुत पीछे
उनको जो तुझे रोकने की कोशिश करें

तू उठ, चल और दौड़, बेतहाशा दौड़
तू ख़ुद को मत मिटा
खोज अपने अस्तित्व को
और मिटा दे उनको
जिन्होंने तुझे ख़ुद को भूलने पर मजबूर किया
ख़ुद में दफ़्न न कर तू ख़ुद को
बन तू रोशनी की मशाल
और लगा दे चिंगारी उनको
जिन्होंने कोशिशें कीं
तेरे ही वजूद में तुझे दफ़्न करने की

तू उठ, चल और दौड़
बेतहाशा दौड़
तुझे रुकना नहीं है
तुझे थकना नहीं है
तू बन क्रांति की मशाल
जिसे कभी बुझना नहीं है
पुनः प्रतिस्थापित कर दे उस कालखंड को
जिसमें मैत्रेयी भी थी और घोषा भी थी
अपाला भी थी और विश्ववारा भी थी
जो रचती थी ऋग्वेद की ऋचाएँ
और करती थीं ऋषि-मुनियों से शास्त्रार्थ
फिर तू क्यों शांत है ?
क्यों सहती है ?
चुपचाप उनके अत्याचारों को
जो लगे हैं तेरे ही वजूद को ख़त्म करने में ?

तू बचा ले उनके क्रूर जाल से अपने आपको
वो शिकार करना चाहते हैं तेरा
खेलना चाहते हैं आखेट
तू मत बन किसी का शिकार और खिलौना
तू भी खेल ऐसा खेल
जिसमें शह हो तेरी और मात किसी और की
तू उठ, तू चल, तू दौड़ और बेतहाशा दौड़

बताओ मनु 1

स्त्री हैरान है
उसके हाथ में
अपने वर्ग का इतिहास है
पन्ने-दर-पन्ने
पढ़ रही है वो
आश्चर्य उसके चेहरे पर
बढ़ता ही जा रहा है
अचानक वह पूछ उठती है
बताओ मनु,
किन तथ्यों पर तुमने
मेरा इतिहास लिखा
मुझे मौलिक दस्तावेज़ चाहिए
मुझे जानना है
क्या स्त्रियाँ शुरू से अर्धमानव थीं
या पहले उनको स्त्री बनाया गया
फिर स्त्री को मानव से
अर्धमानव बनाया गया ?

मुझे इसमें साज़िश की बू आ रही है
इसलिए मौलिक दस्तावेज़ चाहिए
और वह दस्तावेज़ शतरूपा से
प्रमाणित होना चाहिए

क्या तुमने जो लिखा, मनु
उसमें सहमति थी उसकी ?
अब तो शतरूपा ही बोलेगी
तुम्हारे सारे राज़ खोलेगी
शताब्दियों से शतरूपा को
गूँगा बनाकर रखा
लेकिन अब वो बुदबुदाने लगी है
बहुत संभव है
कुछ दिनों, कुछ महीनों, कुछ वर्षों में
वह बोल पड़े
तब पर्दा उठ जाएगा
तुम्हारे षड्यंत्रों से
बहुत संभव है
इक्कीसवीं शताब्दी में
तुम्हारे ऊपर आधी आबादी द्वारा
झूठा इतिहास लेखन के लिए
मुक़दमा भी दर्ज करा दिया जाए
अब फ़ैसले का दिन आने वाला है
अपनी बारी का इंतज़ार करो, मनु !

(शतरूपा–मनु की पत्नी)

बताओ मनु 2

(बचपन में माता-पिता के अधीन, जवानी में पति के अधीन और बुढ़ापे में पुत्र के अधीन स्त्रियों को रहना चाहिए। स्त्रियों को कभी स्वतंत्र नहीं छोड़ना चाहिए– मनुस्मृति)

मनु,
जब तुमने लिखा था
मेरे माथे पर- दास
असहनीय दर्द और वेदना
से छटपटाई थी मैं
आज तक मुक्त नहीं हो पाई हूँ मैं
तुम्हारे षड्यंत्रों के जाल से
जब तुमने बाँधा था- ग़ुलामी की बेड़ियों में
कितना अनुनय किया था तुमसे
तुमने एक नहीं सुनी
शायद तुम बहरे हो गए थे उस वक़्त

बताओ मनु,
क्या तुमने
शताब्दियों पहले सुन लिया था
नारी-शक्ति की पगध्वनियों को?
और तुम डर गए थे?

बताओ मनु,
क्या तुमने पढ़ लिया था-

अपाला, घोषा और
विश्ववारा द्वारा रचित ऋचाओं को?
और तुम सशंकित हो गए थे
या तुम डर गए थे
गार्गी-याज्ञवल्क्य संवाद से?

बताओ मनु,
इतने असुरक्षित क्यों हो गए थे
क्या तुम डर गए थे
नारी के शक्ति स्वरूपों से?

बताओ मनु,
ऐसा लिखने से पहले
क्या तुम नहीं मिले थे
गंगा की पवित्रता से, उत्सर्ग से
उसके प्यार और समर्पण से?

बताओ मनु,
जिस देश में हम रहते हैं
उसको हम भारत माता (स्त्री) कहते हैं
क्या वाक़ई वो आज़ाद हो गई है
तुम्हारे षड्यंत्रों से?
सोचो इस विचारणीय प्रश्न को मनु

बताओ मनु 3

(केवल सुंदर पत्नी ही अपने पति का प्रेम पाने की अधिकारिणी है–मनुस्मृति)

पूछती है देवहूति अपनी माँ से
'क्या मैं सुंदर नहीं हूँ ?'
सुनकर बेटी की बातें
भर आईं माँ की आँखें
कुछ महीनों पहले ही
देवहूति को विदा किया था बनाकर दुल्हन
तोड़कर सूरज और तारे
भरा था ख़ुशियों से उसका आँचल

बेटी बोली माँ से
शुरू-शुरू में तो सब ठीक था
एक दिन मेरे पति ने
'मनुस्मृति' पढ़ डाली और कहा-
तुम सुंदर नहीं हो
इसलिए तुम्हारा नहीं है
मेरे प्रेम पर अधिकार
दरअसल माँ, उसको चाहिए था स्त्री देह का वैभव
न कि स्त्रीत्व का वैभव
कहाँ से लाऊँ मैं माँ-सुंदर देह ?
सुनकर माँ-बेटी की बातें
भर आईं मनु की आँखें

अकस्मात्!
हज़ारों-हज़ार महिलाएँ
घेर लेती हैं मनु को और पूछती हैं
बताओ मनु,
क्या हुआ यदि हम सुंदर नहीं हैं
हमारे हाथ हैं खुरदरे
हमारे कंधे हैं मज़बूत
हमारी सूरतें हैं साँवली-सलोनी
तो क्या हमें नहीं है अधिकार
पाने का अपने पति का प्यार?

बताओ मनु,
पृथ्वी की सुंदरतम कृति स्त्री है
तो उसकी सुंदरता के साथ-साथ
क्यों नहीं किया उसकी योग्यता को स्वीकार
मनु, तुम बौद्धिक षड्यंत्रकारी हो!
तुमने स्त्री को केवल देह बनाया- सुंदर देह
देखो आज स्त्री के संत्रास का
सबसे बड़ा कारण बन गई है उसकी सुंदर देह
देवहूति पूछती है मनु से
क्या सूरत ही सब कुछ है
सीरत का कोई मोल नहीं?
सुनकर यह प्रश्न, मनु हो गए मौन
शायद 'मनुस्मृति' में
नारी सौंदर्य के संबंध में व्यक्त अपने विचारों में
कुछ संशोधन की सोच रहे हैं

(देवहूति–मनु की पुत्री)

बताओ मनु 4

(एक महिला के पास किसी भी तरह के धार्मिक अधिकार नहीं हैं–मनुस्मृति)

सुनो मनु,
मैं जितना ही मनुस्मृति पढ़ती हूँ
उतना ही तुम्हारी मूर्खता पर हँसती हूँ
तुमने वंचित रखा
धार्मिक अधिकारों से मुझको
जबकि मैं ही धर्म हूँ
तुमने मुझको देवालय जाने से रोका
जबकि देवालय में
मेरी ही प्राण-प्रतिष्ठा है
मनु, पूछो अपने आराध्य शिव से
क्या अस्तित्व हैं उनका मेरे बिना
शक्ति के बिना शिव भी केवल शव हैं
मैं ही धर्म हूँ
मैं ही प्रकृति हूँ
मैं ही आदिशक्ति हूँ
मैं ही सृजन हूँ
मैं ही विनाशक हूँ
आदिशक्ति के रूप में
मैं ही विश्व-संचालक हूँ
मैं ही हूँ अविनाशी

सुनो मनु,
कितने पाखंडी हो तुम
धर्म को ही धर्म से वंचित करके
कितना बड़ा अधर्म किया!

सुनो मनु,
तुम वंचित रखते हो
धर्म से मुझको
क्या तुमने कभी सोचा है
मेरे बग़ैर शामिल हुए
क्या स्वीकृत हो पाएगी तुम्हारी पूजा?

चलो भीमबेटका चलते हैं

(मध्य प्रदेश में भीमबेटका की गुफाएँ पाषाणयुग में कला और संस्कृति का प्राचीनतम चिह्न और आदि प्रमाण हैं। आदिमानव जंगलों में जंगली जीवन बिताते थे, जो पशुओं के क़रीब था और मानव का अन्य पक्ष विकसित नहीं था। चित्रों के माध्यम से शिकार का पहला प्रमाण भारतवर्ष में यहीं से प्राप्त होता है।)

चलो भीमबेटका चलते हैं
और खोजते हैं
अपने अस्तित्व का प्रमाण
यहाँ ठहरा हुआ है
लाखों वर्षों से समय, जस-का-तस
खोजती हूँ मैं
इन शैल चित्रों में स्वयं को
मैं आश्चर्यचकित हो उठती हूँ
कि इसकी दीवारों पर तो
मैं भी झूल रही हूँ
समय के गले में डाले गलबहियाँ
यहीं से पता चलता है
शिकार और शिकारी का असली भेद
देखो कैसे तुम
तीर-धनुष को लेकर
दौड़ रहे हो मेरे पीछे
मैं हिरनी जैसी डरी और सहमी
भागती हूँ बचने की जुगत में

मैं लाँघ जाती हूँ
एक साथ कई शताब्दियों को
लेकिन विडंबना तो देखो
मैं आज भी इक्कीसवीं शताब्दी में
अपनी आत्मरक्षा के लिए
कातर निगाहों से
देखती हूँ तुम्हारी ही ओर

मुझे चाहिए अपनी देह पर पूरा अधिकार

सुनो,
रात गहराने से पहले
घर आ जाना
यह शहर सुरक्षित नहीं है
महिलाओं के लिए

मैं सोचने लगी
आख़िर कब तक रहूँगी अजूबा
इस दुनिया में
एक तरफ़ करने लगे हैं हम
सैर चाँद और तारों की
दूसरी तरफ़
रात गहराने से पहले
हो जाते हैं क़ैद अपने ही घर की
चारदीवारी में

मैं एक स्त्री हूँ
टहलना चाहती हूँ
तारों भरी रात में
चाँदनी के प्रकाश में
डूबी हुई सुनहरी सड़क पर
अकेले, बिलकुल अकेले
लिखना चाहती हूँ- कविता

एक निर्भीक औरत की
क्या मैं ऐसा कर सकती हूँ?
शायद नहीं!
रात में सड़क बदल लेगी अपना रूप
निगल लेगी मेरे पूरे अस्तित्व को
और छिड़ जाएगी एक नई बहस
बन जाएगा एक नया मुद्दा
महज़ इसलिए कि
मैं एक स्त्री हूँ
और मेरी एक अलग लैंगिक पहचान है
फिर शुरू होगा
बंदिशों का सिलसिला

आख़िर कौन बनाता है
मेरे विरुद्ध ये नियम
तुम रात में अकेले मत निकलो
तुम छोटे कपड़े मत पहनो
तुम चुपचाप भुगतो उन दंडों को
जिसका अपराध तुमने
किया ही नहीं
हमारे देश की अदालत
यह कहती है
यौन शोषण की परिभाषा है-
जब तक इरादों में
यौन शोषण की भावना न हो
तब तक यौन शोषण नहीं माना जाएगा
भले ही घरों में

बसों में या सड़कों पर
कामी पुरुषों की निगाहें
हमारे शरीर का एक्स-रे कर डालें
आप समझ रहे हैं न मेरी बात?

इतनी बंदिशों में
मुझे इतना जकड़ा गया कि
मैं ठीक से चल भी नहीं पाती हूँ
दौड़ने का ख़याल तो मैंने
अपने दिमाग़ से निकाल दिया
मैं इस दुनिया में आई
मेरे रोने की आवाज़ सुनकर
कुछ शुभचिंतक जन भी रो पड़े
हाय! यह तो... फिर लड़की पैदा हो गई
मैं तत्क्षण यह समझ गई कि
अपने ढुलकते हुए आँसुओं को
पोंछना भी पड़ेगा ख़ुद को आजीवन

सुनती रही मैं
एक तो लड़की, ऊपर से सिरफिरी
मेरे पिता एक लड़का चाहते थे
माँ ने भी उनकी हाँ में हाँ मिलाया
दोनों ने मिलकर
ख़ूब आँसू बहाया
आप समझ रहे हैं न मेरी बात
ऐसा इसलिए हुआ
क्योंकि मैं एक ग़लत लिंग में पैदा हुई
अक्सर मेरी माँ

मेरे हाथों में
कसमसाती पुस्तकों को
आज़ाद करने के लिए कहती
दरअसल, वह चाहती थी कि
मैं पढ़ाई छोड़ दूँ
परंपरागत रूप से
निर्धारित कार्यों में रुचि लूँ
ताकि भविष्य में होने वाली
ससुराल से उन्हें
एक अच्छे ट्रेनर की उपाधि मिले

धीरे-धीरे मेरे पाँवों द्वारा
अपने लिए ज़मीन का तलाशना
उनके लिए एक नई समस्या बन गई
मैं अपनों की ही उपेक्षा
और तिरस्कार का इतिहास हूँ
अपने मन, आत्मा और देह पर
अपने ही अधिकार के विरुद्ध
अनेकानेक हमलों का शिकार हूँ
प्रश्न केवल रात में
अकेले सड़क पर घूमने
और चमकते हुए
तारों के गिनने का नहीं है
हर निर्णय में
दोयम दर्जे की नागरिकता ही
मेरी पहचान है

मैं जीना चाहती हूँ

ख़ुद अपने लिए
और अपनों के लिए भी
लेकिन मैं
अपनों के ही षड्यंत्रों का शिकार हूँ

अब मैंने निर्णय लिया है
अब मेरी देह पर
रहेगा अधिकार मेरा
पूरा का पूरा
न तनिक कम
न तनिक ज़्यादा
अब आप मुझे
अकेले रात में
सुनसान सड़क पर
टहलते हुए देख सकते हैं
बिना डरे कि सुबह यह
कोई नया मुद्‌दा बनेगा

अंतर्राष्ट्रीय महिला दिवस

सुबह से ऐसा लग रहा है
मानो कोई उत्सव मनाया
जाने वाला है
भोंपू बोल रहा है
सबको इकट्ठा होना है
महिला आयोग की अध्यक्षा
आज शहर में
बहनों से संवाद करेंगी
उनकी समस्याओं को
ऊपर तक पहुँचाएँगी
भागीदारी ज़रूरी है

शहर के पास लगे गाँवों में भी
भोंपू बज रहा है
वहाँ भी अधखुले किवाड़ों
घूँघट के अंदर हलचलमची हुई है
आँखों ही आँखों में
एक-दूसरे से प्रश्न पूछा जा रहा है
कब शुरू हुआ यह त्योहार ?
चलो चलते हैं !
देखते हैं, क्या होता है ?
गाँव की आठ बरस की मुनिया भी

बहुत ख़ुश है
उसने सुन रखा है
आयोजनोपरांत होने वाले जलपान के बारे में
कहती है वो माँ से-
माँ! निकाल देना वो
चोली और घाघरा जो
पिछले साल पहना था होली पर
घाघरा-चोली पहनकर
अपनी आँखों में बसंत समेटकर मुनिया
मुंडेर-मुंडेर चलती है
गाते हुए महिला स्वतंत्रता का गान
चलते-चलते अचानक वह
बच्चों के झुंड से अलग हो जाती है
गाँव की पगडंडी छोड़
वह सड़क पर आ जाती है
रुआँसी मुनिया पूछती है पता
साइकिल से जा रहे एक काका जी से-
काका! कहाँ मनाया जा रहा है
महिला दिवस का त्योहार?

काका की आँखों में
अचानक बढ़ जाती है चमक
भुजाएँ पहले से बलिष्ठ हो जाती हैं
रक्त प्रवाह और तीव्र हो जाता है
बिना प्रयास के शिकार मिल गया
काका के कहने पर
बैठ जाती है मुनिया साइकिल पर

साइकिल मोटरसाइकिल बन जाती है
अचानक साइकिल की गति
धीमी हो जाती है
काका के होंठ गोल हो जाते हैं
और मुनिया की सिसकी तेज़ हो जाती है
सिसकती मुनिया की आवाज़
भोंपू की आवाज़ में दब जाती है
फिर लाल घाघरा-चोली के चारों तरफ़
लाल-लाल ख़ून-ही-ख़ून
अर्धचेतनावस्था में मुनिया बुदबुदाती है
क्या यही है महिला दिवस का त्योहार ?

नर्तकी

नाचते-नाचते थक गई हूँ मैं
सदियों से अनवरत
नृत्यरत हूँ मैं
मोहनजोदाड़ो से मिली
वो नर्तकी मैं ही तो हूँ
सूरज की ज्वाला को अपने अंदर छिपाए
आँखों में सुंदर-सुंदर सपने सजाए

मोहनजोदाड़ो से
इक्कीसवीं सदी तक का सफ़र
तय कर लिया मैंने हँसते-हँसते

नर्तकी के चेहरे को
ग़ौर से देखा है क्या?
लिपे-पुते उसके चेहरे के पीछे
दर्द के उमड़ते हुए सागर को
देखा है क्या?
भारत की प्राचीन सभ्यताओं के
अंत के बारे में इतिहासकार मतैक्य नहीं रखते
कोई कहता है-सूखा पड़ा
कोई कहता है-बाढ़ आई
पर मैं चीख़-चीख़कर कहती हूँ
मेरा यक़ीन करो

इन सभ्यताओं के अंत के तार जुड़े हैं
उसी मोहनजोदाड़ो की नर्तकी से
जो आज भी समाज में
ढूँढ रही है अपनी पहचान
जब उसके आँसू सैलाब बने
तो बाढ़ आई
जब उसके आँसू सूख गए
तो अकाल पड़ा
परिणामस्वरूप, सभ्यताओं का विनाश हुआ
नर्तकी के सधे हुए क़दमों की ताल
गूँजती है गली-गली
उसकी हथेलियों की छाप
दिखती है चारों तरफ़
उसकी सिसकी गूँजती है संपूर्ण ब्रह्मांड में
उसकी व्यथा से व्यथित होकर
बादल भी बिन मौसम बरसते हैं
लिखती है वह अपने दुखों को
कालखंड के माथे पर
लिखने के लिए चुनती है अपनी
व्यथा- सिंधु घाटी की अभेद्य लिपि में-
जिसको आज तक पढ़ नहीं पाया कोई

मुझे पूरा विश्वास है
उसी नर्तकी की आँखों से
निकले आँसुओं से पृथ्वी पर सैलाब आया
और पुरातन सभ्यताओं ने
अपना दम तोड़ दिया

लड़की तुम जीत सकती हो

लड़की,
तुम जीत सकती हो
ये पूरी दुनिया
बहुत आसान है तुम्हारे लिए
पर सबसे कठिन है
जीतने के लिए बेताब पैरों को
घर की चौखट से बाहर लाना

लड़की,
तुम आसमान को झुका सकती हो
बहुत आसान है तुम्हारे लिए
पर सबसे कठिन है
धरती के गुरुत्वाकर्षण से मुक्त होकर
उन्मुक्त आकाश में उड़ने के लिए
अपने पंखों को फैलाना

लड़की,
तुम अपने सपनों को
साकार कर सकती हो
बहुत आसान है तुम्हारे लिए
पर सबसे कठिन है
तुम्हारी आँखों में सपनों का पलना

लड़की,
तुम दुनिया में अपनी जीत का
परचम फहरा सकती हो
बहुत आसान है तुम्हारे लिए
पर सबसे कठिन है
तुम्हारे घर और समाज के
दक़ियानूसी और कट्टर ख़यालात को हराना
जिनके हाथों की कठपुतली बनकर
नाचती हो तुम जीवन भर

लड़की,
तुम्हारी दुनिया अंधकार में डूबी है
तुम इसको आलोकित कर सकती हो
बहुत आसान है तुम्हारे लिए
लेकिन सबसे कठिन है
ख़ुद मशाल बनकर
अपने जैसी औरों के लिए
एक मिसाल बनकर जीना

सुनो लड़की,
तुम वह सब कुछ कर सकती हो
जो तुम करना चाहती हो

जाकर आती हूँ

लड़की बोली- माँ, मैं जाकर आती हूँ
माँ बोली- सँभलकर जाना

लड़की तो सँभली हुई है
लेकिन कुछ लोग
इंतज़ार में हैं अपने शिकार के

शिकार क़रीब आ रहा है
फुसफुसाहटें बढ़ती जा रही हैं
कोई कहता- क्या चाल है!
कोई कहता- क्या माल है!
लड़की चली ही जा रही है अपनी ही धुन में
एक बैग है उसके पास
जिसमें कुछ किताबें हैं
एक किताब का शीर्षक है-
'पढ़ो-बढ़ो छू लो आसमान'

लड़की की आँखों में सपने हैं
जो तलाश रहे हैं रास्ता
अपने मूर्त रूप लेने के लिए
लड़की योग्य है
आश्वस्त है अपने अच्छे भविष्य के लिए
लड़की लंबे-लंबे डग भर रही है

अचानक उसकी तंद्रा टूटती है
यूँ लगता, जैसे कोई साँप रेंग रहा हो उसके कंधे पर
वो पलटती है, देखती है
पूरा का पूरा अजगर खड़ा है तैयार
निगलने को उसका वजूद
लड़की की आँखें फटती जाती हैं
वो विस्मित है
दौड़कर अजगर के चंगुल से
मुक्त होना चाहती है
वो चिल्लाती है
अंत में अपने गले में घुटी हुई चीख़ के साथ
आँसुओं के समंदर में समा जाती है

धीरे-धीरे उसकी साँस थमती है
वो सोचती है- ये क्या हो गया?
अजगर ने निगल लिया उसके वजूद को
उसने डसा उसके रोम-रोम को
घायल किया उसकी आत्मा को
लड़की का तन और मन
दोनों ही आहत हैं
वो सोचती है- काश! थम जाएँ ये साँसें!

धीरे-धीरे लड़की पहुँचती है अवचेतन अवस्था में
सब कुछ स्याह हो उठता है
कुछ समय बाद लड़की होश में आती है
वह अपने को अस्पताल में
जीवन से जंग लड़ते हुए पाती है
आँसू भरी आँखों से कहती है वो-

माँ, मैं जाकर तो आ गई
लेकिन अपने साथ लाई-
अपार दर्द, अपार आँसू
सिसकियों का भंडार
माँ, मैं क्या करती?
मैं तो सीधे-सीधे रास्ते से जा रही थी

माँ उसको समा लेना चाहती थी अपने भीतर
दुखी और हताश पिता की निगाहें
मिलती हैं बेटी से
और उसका दुख और बढ़ जाता है
एक फुसफुसाहट उभरती है-
इज़्ज़त चली गई
अब आगे का क्या होगा!
इसका जीवन!

लड़की सुनती है
ये शब्द शीशे की तरह
पिघलते हैं उसके कानों में
क्षत-विक्षत करते हैं उसकी आत्मा को
लड़की चाहती है
उसको न्याय मिले
लड़की एफ़आईआर दर्ज कराती है
कुछ दिनों और कुछ महीनों तक
चक्कर लगाती है थाने का
लेकिन दोषी नहीं पकड़ा जाता
लड़की परेशान है
हर क्षण उसके अंदर का घाव रिसता है

लेकिन वह क्या करे?
क्या वह आत्महत्या कर ले?
फिर से बन जाए
अख़बार में एक ताज़ा ख़बर
क्या यही है मेरी समस्याओं का अंत

लड़की सोचती है-
छल से तो इंद्र ने भी किया था
देवी अहिल्या का बलात्कार
और दंड भुगता था- शिला बनकर
अहिल्या ने
क्या मैं भी करूँ अनुगमन इतिहास का
भुगतूँ उस पाप का दंड
जो मैंने किया ही नहीं?

लड़की सोचती है-
नहीं बस, अब और नहीं
दूसरे पल लड़की
घर की चौखट से दूर
काली लंबी सड़क पर
लंबे-लंबे डग भरती चली जा रही है
उसकी आँखों में फिर सपने हैं
उसके पास एक बैग है
बैग में एक किताब है
किताब का शीर्षक है-
'पढ़ो-बढ़ो छू लो आसमान'

इक्कीसवीं सदी

शताब्दियों की
एक-एक सीढ़ियाँ चढ़ती गई मैं
खड़ी हूँ इक्कीसवीं सदी के
बाइसवें पायदान पर
ग़ौर से देखती हूँ
आईने में अपने आपको
वक़्त की जमीं धूल को
हटाती हूँ अपने पल्लू से पोछकर
खोजती हूँ सृष्टि के प्रारंभ से
इक्कीसवीं सदी तक अपने आपको

खड़ी होकर
इक्कीसवीं सदी के पायदान से
ताकती हूँ सदी की सीढ़ियों को
देखती हूँ हर पायदान पर
खड़ी हूँ मैं बदलकर अपना रूप
फिर सोचती हूँ
क्या बदला?
सबसे नीचे के पायदान पर खड़ी स्त्री
मैं ही तो हूँ!
शताब्दियों के धूल के ग़ुबार को समेटे
टाँककर अपनी ओढ़नी में

दुखों के सितारे
मैं ही तो देख रही आसमान की ओर
मेरी आँखों में है यह उम्मीद
शायद, आगे के पायदान पर खड़ी
मेरी बिटिया की आँखों में
नहीं होगी बेचारगी
नहीं ढुलकेंगे उसके गालों पर
ग़म के कोई आँसू
लेकिन देखकर यथास्थिति
बिटिया की भी
चीत्कार निकलती है दिल से
जिसकी आवाज़ से दहल उठता है
संपूर्ण ब्रह्मांड

इक्कीसवीं सदी के पायदान पर खड़ी
गुज़रती हूँ
असहनीय पीड़ा के आवेग से
चुपचाप सोचती हूँ
अपने सभी प्रतिरूपों के बारे में
पूछती हूँ मैं अपने आप से
आख़िर कब तक जमे रहेंगे आँसू
मेरी आँखों में?
कब तक टँके रहेंगे दुख
मेरी ओढ़नी में?
कहीं तो देना होगा इनको विराम
नहीं तो आगे देखना होगा
अपनी बिटिया की आँखों में

फिर वही दुख का ग़ुबार

अचानक!
मेरे हाथ उठते हैं होकर स्फूर्तिमान
पोछती हूँ मैं अपने हाथों से
अपने गालों पर बहते आँसुओं को
सोचती हूँ
बस, अब और नहीं
अब मैं इसको देती हूँ
'पूर्णविराम'

अचानक मेरी ललछौंह आँखों में
उठती है एक चमक
और मैं देखती हूँ
अपने जीवन की छूँछी टोकरी में
ढेर सारे इंद्रधनुषी रंग
भरती हूँ उन रंगों को
अपने अंतरतम तक
होकर गतिमान नई ऊर्जा और नए ख़्वाबों से भरपूर
दौड़ पड़ती हूँ
नापने को पृथ्वी और आसमान

चौखट से एवरेस्ट तक

स्त्री,
जो कल तक
घर की चौखट से झाँकती थी
आज उसने अपने घर का
दरवाज़ा तोड़ दिया है
घर के सामने वाली गली में
उसने धीरे-धीरे चलना सीखा
लड़खड़ाते-लड़खड़ाते
वो पक्की सड़क पर दौड़ती है
और देखते ही देखते
एवरेस्ट छूकर वापस आती है
दरवाज़ा खोजती है
चौखट के फ्रेम में
उसको पुनः लगाती है
और साँकल बंद कर देती है

तुम स्वतंत्र हो

स्त्री, तुम ख़र्च करती हो अपनी देह की कस्तूरी
तुम ख़र्च करती हो अपने हाथों की मेहनत
तुम ख़र्च करती हो अपनी आँखों के सपने
और शताब्दियों से गूँथ रही हो आटा
निरंतर लगी हो सेकने में
दर्जनों-दर्जन रोटियाँ
जिससे मिट सके उनकी भूख
देखकर उनके चेहरे का संतोष
खिल उठती हो कमल जैसी
लेकिन, तुम्हारी भूख का क्या?
क्या, वे भी परवाह करते हैं?
पहुँच सके तुम्हारे पेट में भी
समय से एक कौर निवाला

स्त्री, तुम्हारे जन्म लेते ही
चतुर शिकारी की तरह फेंकते हैं वो
झूठ का एक जाल
जिसमें फँसकर जीवन-भर तड़पती हो तुम
जाल के भीतर से देखती हो
अपनी स्वतंत्रता का आकाश
स्त्री, आजीवन फड़फड़ाती हो पंख
उड़ने के लिए

लेकिन लड़खड़ाती हो क़दम-क़दम पर

स्त्री, तुम तो शक्ति-स्वरूपा हो
फिर क्यों सिर पर धरे हाथ सोचती रहती हो?
कैसे करूँ–उनके अन्याय का प्रतिकार?

स्त्री, तुम प्यार करती हो उनको
मानती हो उनको अपने जीवन का 'कोहिनूर'
लेकिन वे तो ख़रीदार हैं
वे ख़रीदते हैं तुम्हारी सुगंधित देह
वे ख़रीदते हैं तुम्हारे सपने
वे ख़रीदते हैं तुम्हारी स्वतंतता

स्त्री, तुम स्वतंत्र हो
तुम कर सकती हो इनकार
बनने से उनके हाथों का 'औज़ार'
लेकिन, तुम्हारे ऐसा करते ही
वे फ़ौरन जड़ देंगे सोने की हथकड़ियाँ
तुम्हारी कलाइयों पर

स्त्री, तुम स्वतंत्र हो
स्त्री, तुम स्वतंत्र थी
स्त्री, तुम स्वतंत्र रहोगी
तुम्हारी स्वतंत्रता ही है
तुम्हारा सबसे बड़ा ईश्वरप्रदत्त अधिकार
इसलिए कष्ट उठाती रहो
झगड़ती रहो अपने अस्तित्व के लिए
लड़ती रहो यह ख़राब लड़ाई

समायोजन

उसने महसूस किया
सफल न हुआ उसका जीवन
उनकी नज़रों में
रोज़-रोज़ की तकरार से होकर परेशान
स्त्री ने समायोजन की कैंची निकाली
सुनते-सुनते वह आ चुकी थी–तंग
'तुम्हारे सपने तो बहुत बड़े हैं'
पहला प्रहार उसने अपने सपनों पर किया
पहले तो स्वप्निल आँखों ने किया इनकार
पर एक न चली उन आँखों की
वार पर वार लगातार हुए प्रहार से
उसके सपनों ने लहूलुहान होकर दम तोड़ दिया
अब स्त्री की आँखें अँधेरी गुफा बन गईं
जहाँ केवल अंधकार है
घना अंधकार...

स्त्री,
परेशान हो जाती है सुनते-सुनते
'तुम तर्क बहुत करती हो'
स्त्री समझदार है
वह समझ जाती है
जब याज्ञवल्क्य जैसे महान ऋषि

नहीं कर सके थे गार्गी के तर्कों को स्वीकार
धमकाया था भरी सभा में उन्होंने
'तोड़ दूँगा तुम्हारा सर'
स्त्री ने समझ लिया इसको मन-ही-मन
कम बोलूँगी
स्त्री ने उस प्रण के साथ ही
धारण कर लिया मौन

स्त्री,
अभी भी परेशान है सुनते-सुनते
'तुम करती क्या हो दिनभर?'
स्त्री ने सोचा–स्त्री तो केवल एक देह है
देह को अनवरत यंत्रवत
पालन करना चाहिए
उनके दिशा-निर्देशों का
बिना थके, बिना रुके

स्त्री,
ऐसा करते-करते बन गई पाषाण की मूरत
लेकिन, स्त्री हैरान है
अभी भी कसा जाता है
उस पर तंज
सुख और दुख का भेद
पहचानना ही भूल गई है
'दुख में न आँसू निकलते हैं
सुख में न सजती है होठों पर मुस्कान'
स्त्री, हैरान है...

वो चाहते हैं कि तुम डरो

सुनो स्त्री,
वो चाहते हैं तुम स्त्री हो तो स्त्री जैसी दिखो
थोड़ी डरी, थोड़ी सहमी, और थोड़ी घबराई-सी
वो चाहते हैं तुम डरो!
लेकिन, तुम हरगिज़ मत डरो
ओढ़ लो आवरण निडरता का
पर, मत करना प्रदर्शन अपने डर का

सुनो स्त्री,
वो चाहते हैं डरकर ढोती रहो
उनके पुरुषत्व का भार
इसके लिए बनाएँगे वो
तुम्हारे स्त्रीत्व को ही हथियार
पोछ दो अपनी आत्मा से रिसते हुए रक्त का निशान
उन्हें हरगिज़ मत बताओ
क्या हुआ था जब तुम
गुज़र रही थी कल अँधेरी गली से

सुनो स्त्री,
इसके लिए कष्ट सहो भरपूर
पर, कभी मत कहना डरी हुई हो तुम
तुम, ऐसा कर सकती हो

बहादुर औरतें

सुनो,
शताब्दियों बाद भी
नृतत्ववेत्ता झाड़ेंगे जब
हमारी अस्थियों से वक्त की धूल को
उन्हें मिलेंगे हमारी अस्थियों पर
वीरता के लाल निशान
प्रसन्न होंगी हमारी संतानें
यह जानकर
हमने नहीं डाल दिया था
बिना लड़े हथियार
जब देखेंगे वे हमारे पैरों की संरचना
वे अभिभूत हो उठेंगे सोचकर
कैसे इन कमज़ोर पैरों से
रेंगते-रेंगते
इस स्त्री ने छू लिया था
आसमान
जब वे पढ़ेंगे हमारे सपनों को
निकालकर
हमारी आँखों की अँधेरी खोह से
लिखेंगे हमारा इतिहास
एक नए दृष्टिकोण से

वज़ूद

एक स्त्री ने
पुरुष से माँगा
गहने, कपड़े और हीरे-जवाहरात
उसे सब कुछ मिला
वह सज-धजकर
इतराती फिरती है गली-गली
दूसरी स्त्री ने माँगा
अपनी आज़ादी,
अपने फ़ैसले, अपनी अस्मिता
और अपना वजूद
अब वह कहीं नहीं दिखती

एक नई क्रांति

इक्कीसवीं मंज़िल के माले पर
खड़ी स्त्री
कौतूहल से देख रही है
कभी धरती, कभी आसमान
कल तक उचक-उचककर देखती थी
आज हाथ बढ़ाकर
छूने को आतुर है आसमान

आसमान कुछ ज़्यादा ही नीला है
बिलकुल उसके सपने में आने वाले
चटख नीले रंगों जैसा
स्त्री आसमान की ओर हाथ बढ़ाती है
सूरज को तोड़कर
अपने जूड़े में सजाती है
बढ़ जाता है उसका आभामंडल
सूरज की लालिमा
उसके चेहरे पर छा जाती है
मुस्कुराते हुए
चंद्रमा को भी वह
अपने गले का चंद्रहार बनाती है
हवाओं से बातें करती है
वर्षों से बंद पड़ी अपनी नसों में

ऑक्सीजन भरती है
अब तक देखे थे जितने भी सपने
उनको पूरा करने का प्रण लेती है
अपने छूटे हुए पलों को
कसकर पकड़ती है मानो
जी लेना चाहती है
एक ही पल में सदियों को
अपने दुखों को बुहारती है
अपनी हँसी के झाड़ू से
दिग्विजय पर निकल पड़ी है
यह स्त्री
स्त्रीत्व के हथियारों से होकर लैस
आज मुझे उसकी आँखों में दिखती है
इक्कीसवीं शताब्दी की सबसे महत्वपूर्ण क्रांति
अब यह स्त्री करने लगी है
ख़ुद से ही प्यार

‘सदियों से सोई हुई औरतें अब जाग चुकी हैं’

सदियों से सोई हुई औरतें अब जाग चुकी हैं
सज गए हैं अब उनकी आँखों में
सुंदर स्वप्न सजीले

वे डूब रही हैं, उतरा रही हैं
अपने सपनों के संसार में
कुछ के उग आए हैं रंग-बिरंगे पंख
कुछ हैं सज-धजकर तैयार
उड़ने को बेताब तितलियों की तरह

बनाकर रंग-बिरंगी सपनों को अपना हाथियार
अब ये कहीं भी दिख जाती हैं
किसी भी गली में
किसी भी चौराहे और नुक्कड़ों पर
लहराते हुए अपने खुले केश
अब ये सदियों की निद्रा को त्याग चुकी हैं

अब नहीं बरसते आँसू इनकी आँखों से
भूल चुकी हैं अब ये अनायास ही शर्माना
अभी-अभी आई है इनकी कुछ गर्जना
तुमने सुना क्या ?
मैंने तो सुन लिया है इनका तड़कना
तुमने भी सुना क्या ?

सदियों से रेंगकर चलती औरतें
अब खड़ी होने लगी हैं अपने पैरों पर
कुछ झुककर भी चल रही हैं
मुझे तो कुछ दौड़ती हुई भी दिख रही हैं
तुम्हें भी दिख रही हैं क्या ?
सदियों से सोई हुई औरतें अब जाग चुकी हैं

बना ली है इन्होंने अपनी राहें
तलाश रही हैं अपनी मंज़िलें
छू रही हैं नित नई ऊँचाइयाँ
कोई फहरा रहा है पताका एवरेस्ट पर
कोई नाप रहा है सागर तल की गहराइयाँ
सबके अपने-अपने ख़्वाब हैं
और अपने-अपने सपने हैं

पुरुष वर्ग हैरान है !
आख़िर इतना परिवर्तन हुआ कैसे ?
खोल दिए हैं इन्होंने अपने
सदियों से बंद ज्ञान के दरवाज़े
ग़ुलाम बनने से कर दिया है इनकार
और कह दिया है अलविदा
सोने की हथकड़ियों को

लोग हैरान हैं कि कैसे ये औरतें
जिनकी आबद्ध थीं कल तक गर्भनाल भी
पितृसत्ता की ज़ंजीरों से
आज चल पड़ी हैं अपनी राह
करते हुए क़दमताल

तुम करती क्या हो दिन भर

पोछ रही थी वह माथे का पसीना
पीछे से आई एक कर्कश आवाज़-
'करती क्या हो दिन भर?'
स्त्री परेशान हो उठती है
नौकरी नहीं की- समय नहीं मिला
लेखन नहीं किया- समय नहीं मिला
गाड़ी चलाना नहीं सीखा- समय नहीं मिला
मनपसंद किताबें नहीं पढ़ी- समय नहीं मिला
गूँजती है उसके कानों में प्रतिध्वनि-
'समय-नहीं-मिला'
सोचती है वह
आख़िर यह समय कहाँ गया?
खोजती है वह अपने आपको
दिनों में, महीनों में
और वर्षों के गलियारे में
लेकिन पूरी-की-पूरी स्त्री
कहीं नहीं मिलती
इतने टुकड़ों में बिखरी है स्त्री
कि खोज नहीं पा रही है ख़ुद को

अपने ही घर की चारदीवारी में
थोड़ी-थोड़ी बिखरी है वह

बच्चों के टिफ़िन बॉक्स में
बच्चों की किताबों में
चाय की प्यालियों में
किचन के डिब्बों में
परिवार की हँसी में
कपड़ों की चमक में
मेहमानों की संतुष्टि में
इतना वैविध्य है उसके कामों में
कि वो एक ही समय में-
कुक, दर्जी, टीचर से लेकर
सफ़ाईवाली, कामवाली तक
सभी भूमिकाओं का वहन करती है
अपने ही कंधों पर

सोचते-सोचते वह
सीढ़ियाँ चढ़ती है
उखड़ती हुई अपनी साँसों पर
विजय प्राप्त करने की
असफल चेष्टा करते हुए
ख़ुद से सवाल करती है
क्या वास्तव में मैं
दिनभर कुछ नहीं करती ?

सुनो अहिल्या

सुनो अहिल्या,
कब तक होती रहोगी शापित?
कब तक राम लेते रहेंगे जन्म
करने को तुम्हारा उद्धार
त्रेतायुग से कलयुग तक का सफ़र
तय कर लिया तुमने
बनकर मूर्तिमान
स्वयं ब्रह्मा ने बनाया था तुमको
पवित्रम सृजनात्मक ऊर्जा से भरपूर
देवराज इंद्र ने किया पाप
बदलकर वेश ऋषि का
छला पतिव्रता को तुम्हारी
क्रोध के आवेश में
जब ऋषि गौतम ने दिया तुम्हें शाप
क्यों नहीं पूछा,
क्या दोष था तुम्हारा?
क्यों चुपचाप कर लिया तुमने
उस शाप को स्वीकार?
युगों-युगों तक करती रही
प्रतीक्षा तुम
पर जब पड़े श्रीराम के चरण कमल
तब हुआ, तुम्हारा उद्धार

लेकिन, सुनो अहिल्या
ये कलयुग है
राम नहीं लेंगे जन्म
करने को तुम्हारा उद्धार
करना होगा तुम्हें ही
कुछ चमत्कार
देवराज इंद्र को करना होगा दंडित
और करनी होगी गौतम के
आदेशों की अवहेलना
नहीं बनना अब पाषाण की मूरत
न रोना है, न पीड़ा में तड़पना है
न ही विषाद से भर जाना है
अब सशक्त होकर
करना है इंद्र का प्रतिकार
नहीं करना है अब तुम्हें
अपनी मुक्ति के लिए
राम के चरण कमलों का इंतज़ार!

सीमा-रेखा

बताओ राम,
शताब्दियों पूर्व तुमने खींची थी एक लक्ष्मण रेखा
आज भी मैं हूँ इसी इंतज़ार में
आओ राम और बिलगाओ
अपने और मेरे बीच की यह सीमा-रेखा
धर भेष साधु का रावण आया
किया अपहरण सीता का
इस भय से कभी न किया मैंने उल्लंघन
तुम्हारी खींची रेखा का
लेकिन सदियाँ बीत गईं राम!

कब तक सुरक्षा चक्र रखोगे क़ायम अपना?
अब घुटता है दम मेरा
इस रेखा के अंदर नहीं पहुँचतीं सूरज की किरणें
बहती है हवा भी, सशंकित
फूल भी खिलते हैं, डरे-डरे-से
नहीं बरसते बादल, होकर निर्भीक
आओ राम, समाप्त करो यह सीमा-रेखा
कहीं ऐसा न हो
एक दिन टूट जाए मेरे सब्र की सीमा
फिर तोड़ दूँ मैं
सारी सीमाएँ और सारे बंधन

सुनो गांधारी

अब और नहीं गांधारी
अपनी आँखों से पट्टी उतारनी ही होगी
देखना ही होगा धृतराष्ट्र का असली रूप
वह कोई तुम्हारे सपनों का
राजकुमार नहीं है
वह है इसी दुनिया का
सभी कमियों से युक्त एक पुरुष

काश! तुम देख सकती उसकी करतूतों को
उसके चेहरे पर तैरती
उसकी कुटिल मुस्कान को
वह निरंतर लगा हुआ है
अपने अधिकार के विस्तार में
उसके लिए रिश्तों की कोई गरिमा नहीं है
होता है आज भी चीरहरण द्रौपदी का
उसके ही भरे दरबार में
अपने ही भातृ-बंधु को
नहीं देने के लिए है तैयार वह
उनकी अपनी ही भूमि का
एक इंच का टुकड़ा
भले ही इसके लिए लड़ना पड़े उसको
महाभारत जैसा युद्ध

सुनो गांधारी,
तुम्हें एक राज़ की बात बताती हूँ
तुम्हारा धृतराष्ट्र नहीं है जन्मांध
रचता है वह ढोंग
नेत्रहीन होने का
ताकि बाँध लो तुम
अपनी आँखों पर पट्टी
और बन जाओ
उसकी करतूतों की मौन भागीदार

सुनो गांधारी,
अपनी पट्टी उतारो और रोको धृतराष्ट्र को
नहीं तो घर-घर में चीरहरण होगा
रिश्तों की मर्यादा होगी तार-तार
और फिर अवश्यंभावी होगा
महाभारत जैसा युद्ध
क्या तुम चाहोगी
महाभारत की पुनरावृत्ति ?
क्या तुम चाहोगी
अपने वंश का संपूर्ण विनाश ?

सुनो गांधारी,
अपने निर्णय पर करो पुनर्विचार
उतार फेंको
यह ओढ़ा हुआ अंधकार

ठूँठ

स्त्री ने एक पेड़ लगाया-
दुख का पेड़
जिसकी सिराओं में
बहते थे उसके आँसू
दिन भर झूठ रचती थी स्त्री
और पत्तियाँ हँसकर
रात के अँधेरे में
स्त्री की आँखों से निकले आँसू
फैल जाते थे पत्तियों की नसों में भरकर
सुबह लोग उसे
ओस की बूँदें समझकर
पत्तियों से झाड़ दिया करते थे
लेकिन पतझड़ में
जब गिर जाती थीं पत्तियाँ
पेड़ खड़ा रहता था ठूँठ की तरह
तब उसका करुण क्रंदन
करता था शोर देर रात तक
खिड़की की ओट से
स्त्री सुनती थी
अपने अंतरतम की आवाज़ें
पेड़ की तरह ही ठूँठ बनकर

सीता के आँसू

त्रेता से द्वापर
द्वापर से कलयुग
शताब्दियाँ बीत गईं
बहुत कुछ बदल गया
पर नहीं बदला सीता की आँखों का आँसू
कभी सीता द्रौपदी बनी
कभी अहिल्या बनी, तो कभी सावित्री
आज तो मिल जाएगी
सीता बनकर निर्भया, गली-गली
शताब्दियों के बाद भी सीता की आँखों में
तैर रहा है एक यक्ष प्रश्न-
छोड़ सुख महलों का
जंगल-जंगल भटकी मैं
कंधे से कंधा मिलाकर
हर सुख-दुख में तुम्हारा साथ दिया श्रीराम
लंकाधिपति के चंगुल में भी
किया शील, धर्म और साहस का पालन
फिर क्यों ली तुमने मेरी अग्नि परीक्षा ?
बार-बार छलता है तू
कभी लेता मेरी अग्निपरीक्षा
कभी करता है भरे दरबार में
मेरा चीरहरण

देख दु:शासन का कुकर्म
तू क्यों रहता है मौन?
कब तक छलते रहेंगे इंद्र
अहिल्या को?
और कब तक अहिल्या बनती रहेगी
शापित पाषाण?

आज भी क्यों अग्निपरीक्षा
देनी पड़ती है निर्भया को
क्यों करना पड़ता है
अपने प्राणों का उत्सर्ग?
आज भी देखो रोती है सीता
गूँजती है सिसकी अहिल्या की
पूछती है द्रौपदी,
हे धर्मपुत्र युधिष्ठिर!
पहले कौन-सा दाँव हारे थे
स्वयं अपना या द्रौपदी का?
आज भी टपकती हैं रक्त की बूँदें
द्रौपदी के खुले बालों से
पूछती है वह कृष्ण से
क्या वाक़ई हो गया है
दु:शासन का अंत?
कैसे मारोगे इतने दु:शासन को?
पहले तो एक था
आज तो अनेक हैं

'कब आएगा हमारा लोकतंत्र'

दुनिया के सबसे बड़े
लोकतांत्रिक देश के निवासी हैं हम
हम- यानी इस देश की आधी आबादी
क्या हम भी मानते हैं
कि हम लोकतंत्र में रहते हैं
क्या हम भी मानते हैं
कि हम एक स्वतंत्र देश में रहते हैं
हम जो पैदा हुए
लेकर स्वातंत्र्य बीज
अपनी आत्मा में जकड़ा रहा वह बीज
इस दुनिया में सर्वत्र
पितृसत्ता की ज़ंजीरों में
न कोई सुरक्षा, न कोई प्रेम
न कोई सम्मान मिला

शारीरिक और मानसिक परिश्रम किया
बिलकुल तुम्हारे बराबर
पर तुम्हें सदैव सम्मान
और मुझे सदैव दुर्व्यहार मिला
यहाँ तक कि पैदा होने के समय
मेरी आत्मा में पल रहा था जो
स्वातंत्र्य बीज

पितृसत्ता ने उस बीज को
वृक्ष ही नहीं बनने दिया
लेकिन मैंने भी चुपके से उस बीज को
अपनी आत्मा में ही
बोनसाई के रूप में बसा लिया।
आज भी वह बीज मरा नहीं है
हरा-भरा एक छोटा-सा
बोनसाई बनकर
मेरे भीतर से निकलकर
वृक्ष बनने के लिए छटपटा रहा है
खोज रही हैं उसकी जड़ें
अपनी ज़मीन को
छूने को बेताब हैं उसकी शाखाएँ
आसमान को

सोच रहा है मेरे अंदर
वह स्वतंत्रता का हिमायती
बोनसाई
कब आएगा हमारा लोकतंत्र
इस वर्ष
अगले वर्ष
या उसके अगले वर्ष

दिन बीत रहे हैं
महीने बीत रहे हैं
साल-दर-साल बीत रहे हैं
पर नहीं आता हमारा लोकतंत्र
अब तो मैं भी थक गई हूँ यह सुनते-सुनते

कि वह दिन दूर नहीं
जब हम भी होंगे
इस लोकतंत्र का हिस्सा
केवल काग़ज़ों पर ही नहीं
बल्कि वास्तविक अर्थों में भी

लोग कहते हैं, सब्र करो
वह दिन ज़रूर आएगा
जब हमारे अंदर का
स्वातंत्र्य बीज
एक विशाल वृक्ष बनकर
समाज में अपनी गहरी जड़ें जमाएगा

एक दिन यह घटित होगा अवश्य
लेकिन वह दिन कब आएगा?
जब गायब हो जाएँगे
हमारी आँखों से सपने
जब थक जाएगा हमारा मन
जब बुझ जाएगा उम्मीद का दीपक
मुझे बनना है इस लोकतंत्र का हिस्सा
अपनी आँखों के मुंदने से पहले

मुझे मरने के बाद की आज़ादी
नहीं चाहिए
मुझे चाहिए जीने की आज़ादी
बिलकुल तुम्हारी तरह

सूरज

एक दिन स्त्री ने
अपने सारे दुखों को
बाँधकर एक पोटली में रख दिया
रिसते हुए उसके घाव
रक्त की बूँदों के रूप में
टपकने लगे पोटली से
स्त्री ने पोटली उठाई
टाँग दिया आसमान पर
देखो सूरज आज भी
दहक रहा है

गुल्लक

जब मैं पैदा हुई
मेरे पिता ने एक गुल्लक ख़रीदी
दिन भर की मेहनत से
जो भी बचता था
वो इस गुल्लक का हिस्सा बनता था
जब भी मैं उनसे कुछ कहती
पिता का जवाब होता- 'पहले गुल्लक भर जाए'
धीरे-धीरे मेरे सपने
और मेरी ख़ुशियाँ
सब कुछ उस गुल्लक का
हिस्सा बनते गए
मेरे पिता वर्षों तक इंतज़ार करते रहे
कि गुल्लक भर जाए
लेकिन गुल्लक भरी नहीं
आख़िर एक दिन पिता ने गुल्लक उठाई
आँखों ही आँखों से
गुल्लक की जमा-पूँजी का हिसाब लगाया
गुल्लक की खनक पूरे घर में
शोर करने लगी
सबके सोए हुए सपने
अपनी-अपनी बारी का इंतज़ार करने लगे
पिता ने सबको चुप कराया

सबके सपनों पर वापस
हज़ार तालों का पहरा बिठाया
वर्षों से सहेजे गए गुल्लक का उद्देश्य बताया
मैंने पूछा- आख़िर क्या होगा
गुल्लक में जमा पूँजी का?
प्रत्युत्तर मिला- इससे तुम्हारी ज़िंदगी ख़रीदनी है

मैं हैरान थी
वर्षों की अपनी मेहनत
अपने सपनों के बदले
इकट्ठा किए गए सिक्कों की
मिल्कियत बदल जाएगी?

गुल्लक की खनक
दूर-दूर तक फैलने लगी
उस खनक को सुनकर
बहुतों ने कोशिश की
मेरी ज़िंदगी बनने की

आख़िर वो दिन भी आ गया
गुल्लक पकड़े-पकड़े
मैं विदा हो गई
मुझसे अधिक मान-सम्मान
मुझसे अधिक प्यार
मिला मेरी गुल्लक को
सात तालों के भीतर
सुरक्षित रखी गई मेरी गुल्लक
जो भी आता मुझसे मिलने

नज़रों ही नज़रों से तौलता मेरी गुल्लक को
सभी ख़ुश थे
अब उनके घर से भी आने
लगी थी खनक सिक्कों की
लेकिन मैं जब भी देखती उस गुल्लक को
मुझे दिखता उसमें-
पिता की मेहनत
पिता के पसीने की महक
माँ के सिसकते सपने
अपने फड़फड़ाते पंख
इन सबका सम्मिलित रुदन
उफ़्फ़!

असहनीय पीड़ा से मैं गुज़रती
धीरे-धीरे गुल्लक पर
आधिपत्य का संघर्ष शुरू हो गया
सभी उस गुल्लक का प्रयोग
अपने-अपने तरीक़े से
अपने सपने पूरे करने के लिए
करना चाहते थे
फिर मेरे सिर उठाते सपनों को
धकेल दिया गया अँधेरी खोह में
मेरा जीवन, केंद्रित हो गया
केवल मेरी उत्पत्ति के केंद्र बिंदु पर

आतंकवादी

(घर की चारदीवारी में महिला के साथ होने वाली किसी भी प्रकार की हिंसा आतंकवाद की श्रेणी में आती है।)

सुनो इंस्पेक्टर,
दर्ज करो मेरी एफ़आईआर
मेरे घर में एक आतंकवादी रहता है

ये सुनते ही हिल उठा
पूरा का पूरा पुलिस महकमा
बिंध गई मैं
तमाम प्रश्नों की बौछारों से–
कहाँ से आया वो ?
कब आया वो ?
क्या प्रमाण है ?
उसके आतंकवादी होने को लेकर
तमाम प्रश्न मेरे कानों से टकराने लगे

मैंने कहा- सुनो !
उस आतंकवादी को
खोजा था मेरे पिता ने
मेरे पति के रूप में
मेरी सुरक्षा के लिए
उस दिन से बढ़ गई मेरी असुरक्षा
भीड़ में तो वो

एक सभ्य इंसान ही दिखता है
लेकिन अकेले में वो बदल लेता है अपना रूप

उसे मंज़ूर नहीं, मेरी सुनना
वो केवल कहता है, सुनता नहीं
उसकी भाषा भी इस लोक की नहीं है
वो अपनी ही भाषा में बोलता है
पूछने पर उस भाषा का नाम बताता है- गाली
शायद वो किसी अन्य ग्रह का वासी है
हो सकता है अपने देश में
वह 'सभ्य इंसान' की श्रेणी में आता हो
परंतु मेरे लिए तो वो
अपनी कारगुज़ारियों से एक आतंकवादी है
आतंकवादी गतिविधियों में होकर लिप्त
निरंतर करता है
मेरा शारीरिक, मानसिक, आर्थिक
और भावनात्मक शोषण...

सुनकर मेरा विवरण सारा थाना हैरान हो उठा
पुलिसवालों ने आँखों ही आँखों में
एक-दूसरे से कुछ संवाद किया
एक लपककर फ़ोन उठा लाया
दूसरे ने नंबर डायल किया
दूसरे ही पल उन्होंने
मानसिक स्वास्थ्य वाले डॉक्टर को बुलवाया
अब मैं एक साथ
कई आतंकवादियों से घिरी थी

चाँदनी बार

मैं टहल रही हूँ
चाँदनी बार की गलियों में
सजे हुए शीशों के पीछे
टूटे हुए दिल
और टूटी हुई स्त्रियाँ
अपने परिवारों का पेट पालने के लिए
चंद सिक्कों के बदले
संगीत की धुन पर
यंत्रवत थिरकती हैं

एक ज़माने की ये शर्मीली बच्चियाँ
आज बन चुकी हैं
चलती-फिरती कठपुतलियाँ
जीवन का स्वाद लिए बग़ैर
चल पड़ी हैं मौत की राह पर

वे कठपुतलियाँ हैं
उनकी आवाज़ों को
उनके रंगे हुए चेहरों से बाहर
आने की इजाज़त नहीं है
वे उड़ती तो हैं तितलियों की तरह
लेकिन उनके पंखों में
कोई रंग नहीं है

स्वप्न देखना छोड़ चुकी हैं
सूनी राहों से किसी का इंतज़ार नहीं करतीं
झिलमिलाते पर्दों के पीछे से
वे अपनी आज़ादी भी नहीं सूँघ सकतीं
क्योंकि उनकी उघड़ी हुई देह
सारी गंधों को ढँक लेती है
उनके कान कुछ नहीं सुनते
वे सिर्फ़ भूखे पेट को सुनते हैं
धीरे-धीरे, घुट जाती है उनकी सिसकी
भिंच जाते हैं उनके होंठ
और टूटती जाती हैं वो
अपने जीवन के त्रासद अंत में

कुंती का Me Too

शताब्दियों बाद भी
रिसते हैं मेरे घाव
हे सूर्यदेव!
मैं तो थी मात्र आठ बरस की
अबोध बालिका
हे सूर्यदेव!
कौतूहलवश मैंने
आपका ध्यान कर डाला
माना कि भूल हो गई थी मुझसे
मैंने स्वीकार भी किया था अपना अपराध
और अनुनय किया था आपसे
वापस जाने का
लेकिन आपने मेरी एक न सुनी
जब मैंने कहा-
मैं तो ख़ुद एक बच्ची हूँ
लेकिन मेरी प्रार्थना को कर अस्वीकार
कर्ण को स्थापित किया मेरे गर्भ में
लोक-लाज के भय से मैं
जिसको अपना पुत्र कभी न कह सकी
आजीवन घुलती रही मैं
देखकर कर्ण का अभिशप्त जीवन
मेरी विडंबना तो देखो

अपने पुत्रों की रक्षा के लिए
देना पड़ा मुझे
अपने ही पुत्र का बलिदान
मैं सोचती हूँ
क्या दोष था मेरा?
मैं तो हुई थी
तुम्हारी साज़िश का शिकार
छीन लिया बचपन मेरा
गुड्डे-गुड़ियों के साथ खेलने की उम्र में
पकड़ा दिया तुमने मुझको
कर्ण नाम का खिलौना
हे सूर्यदेव!
मैं सोचती हूँ
अपराधी हो तुम मेरे
शताब्दियों बाद ही सही
मैं सोच रही हूँ
कुछ तो दंड मिले तुमको
कुछ तो कम हो सके मेरी पीड़ा!

चिड़िया की उड़ान

मेरे घर के आँगन में एक कोना है
कोने में एक पिंजरा है
पिंजरा सोने का है
उस पिंजरे में एक चिड़िया है
वह चिड़िया ख़ूबसूरत है
उसके पंख सुनहले हैं
चीं-चीं-चीं करती उसकी आवाज़
भंग करती है मेरे घर की मुर्दा शांति
अक्सर आँगन में
बैठती हूँ मैं अकेली
देखती है वह घूर-घूरकर मुझको
मानो करती है मुझसे मनुहार
कि उठो, प्रयास करो,
पिंजरा खोलो और मुझे मुक्त करो
देखती हूँ मैं
उसकी दुखभरी छटपटाहट
सोचती हूँ मैं भी
ख़त्म हो यह रोज़-रोज़ का क़िस्सा
जाती हूँ उसके पास
ध्यान से देखती हूँ उसकी आँखों की अकुलाहट
मानो कहना चाहती है वह कुछ
अकेले में मुझसे

अचानक फुसफुसाती है वह मेरे कानों में
बताती है अपने जन्म का अर्थ
यह बताते हुए
सोने की प्याली गिर जाती है उसकी चोंच से
उड़ जाती है वह खुले आसमान में

नीचे जाल बिछाकर खड़े
बहेलिए हैरान हैं!
कितना ऊँचा उड़ेगी वो?
उसके कमज़ोर परों में तो
इतनी ताक़त ही नहीं होगी
कि वो भर सके इतनी ऊँची उड़ान
लेकिन ठगे रह जाते हैं वो उसे देखकर
सुनहले पंखों वाली चिड़िया चहचहाती हुई
नीले-नीले अंबर के गोल-गोल
कई चक्कर लगाकर हो जाती है
उनकी नज़रों से ओझल
धरती पर जाल बिछाए बहेलिए सोचते हैं
कहाँ से आई उसके कमज़ोर परों में
इतनी ताक़त?
कल तक पिंजरे में क़ैद
कैसे नाप रही है यह आज
धरती और आसमान
अंत में सोचते हैं वो
शायद उसको समझ में आ गई है
अपनी 'आज़ादी'

कुछ भी तो नहीं बदला

इक्कीसवीं सदी के बाईसवें माले पर
खड़ी होकर सोचती हूँ मैं
सदियाँ बीत गईं
पर बदला कुछ भी नहीं
औरत पहले भी एक देह थी
आज भी एक देह है
आज भी उसकी देह से
आती हैं दर्द भरी आवाज़ें
जैसे-जैसे बढ़ती हैं
उसके इर्द-गिर्द अट्टहासें
असहनीय होता जाता है उसका दर्द
तब वह बंद करके अपने कानों को
दौड़ पड़ती है सरपट
दौड़ते-दौड़ते उसे लगता है
अकेले कितनी दूर चली आई है वह!
अचानक!
पीछे मुड़ती है और देखती है
हज़ारों-हज़ार औरतें
दौड़ रही हैं उसके पीछे-पीछे
उसे अपना दुख कुछ कम लगता है
उमड़ता है उसके अंदर
एक अजीब-सा प्रेम

वह मुड़ती है, लौटती है
पोछने को उन सबके आँसू
छूती है एक देह जब दूसरी देह को
खुली रह जाती हैं उसकी आँखें
देह की महीन त्वचा के नीचे
दौड़ता हुआ लाल ख़ून भी
सफ़ेद हो चुका है
देह फिर कोशिश करती है
सुनने को देह की धड़कनें
देह उस देह के क़रीब जाती है
सुनती है दूसरी देह के अंदर से आती आवाज़ें
कट-कट-कट-कट-कट
ये आवाज़ें आ रही हैं
उसी देह की हड्डियों से
जिसके टूट चुके हैं कई जोड़
ये आवाज़ें उसे परेशान करती हैं

सोचती है वह
मैं सदियों से
सुन रही हूँ इन आवाज़ों को
कहते हैं लोग
यह तो इक्कीसवीं सदी है
यह तो विकास की सदी है
पर, देह सोचती है
कुछ भी तो नहीं बदला
देह कल भी काँपती थी
देह आज भी काँपती है

ठीक वैसे ही
जैसे काँपती थी ईसा पूर्व

यातनाएँ वही-की-वही हैं
बदल गए हैं शोषण के प्रतिरूप
जुड़ गए हैं
गुनाहों की फ़ेहरिस्त में कुछ और गुनाह
कुछ भी तो नहीं बदला!
ना देह का शोषण बदला
ना बदला शोषण का तरीक़ा
ना बदली उस देह से निकलती चीख़
जो, चीख़-चीख़कर देती है
अपनी बेगुनाही का सबूत
फिर भी नहीं पहुँचती
बहरे कानों तक उन चीख़ों की आवाज़ें

अंत में एक देह
दूसरी देह से कहती है-
बस भी करो!
चुप रहो!
बंद करो ये शोर
कब तक चीख़ोगी?
कब तक चिल्लाओगी?
इससे तो बेहतर है
स्वीकार कर लो अपने गुनाह

कुछ भी तो नहीं बदला
सिवाय तीज-त्योहारों और

नृत्य-समारोहों के तरीक़ों के
शताब्दियों से नहीं रुका
मार खाने वाली देह की आँखों से
आँसुओं का बहना
और मारने के लिए उठे हाथों का
यूँ हवा में लहराना
बदला तो कुछ भी नहीं

देह को जब भी मारा-पीटा गया
ठुकराया गया
वह आज भी तड़पकर ऐंठती है
जैसे ऐंठती थी ईसा पूर्व
यह बात और है
कि देह लगी है कोशिश में लगातार
ढकने को अपना
लहूलुहान पड़ा तन और मन
सजाती है, सँवारती है देह
ख़ुद अपने आपको
लेकिन जब खड़ी होती है आईने के सामने
दिखता है उसका बदरंग चेहरा
धिक्कारती है उसकी आत्मा देह को
चीख़ उठता है उसका अंग-प्रत्यंग
वह बहुत देर तक नहीं देख पाती है आईना
अनसुनी कर अपनी आत्मा की आवाज़ें
देह झटपट सजाती है झूठी मुस्कान
और निकल पड़ती है
निभाने को सामाजिक सरोकार

बदला कुछ भी नहीं
सिवाय धरती का सिकुड़ना
नदियों का सूखना
पर्वतों का घिसना
हिमशिलाओं का पिघलना
और कुछ भी तो नहीं बदला

तुम्हें पता है
हर चलती-फिरती देह में
रहती है एक छोटी-सी आत्मा
जो चीख़-चीख़कर कहती है
इस देह को केवल देह न समझो
इस देह में भी एक इंसान रहता है
पर खो जाती हैं आत्मा की आवाज़ें
चारों तरफ़ गूँजते अट्टहासों में

मोनालिसा- एक रहस्यमयी मुस्कान

शताब्दियाँ गुज़र गईं
लेकिन आज भी
लोगों के लिए एक कौतूहल हो तुम
उधेड़ते रहते हैं वो प्रतिदिन
परत-दर-परत
तुम्हारी मुस्कान को
उठाना चाहते हैं परदा तुम्हारी मुस्कुराहट से
वे तफ़्तीश करते हैं
दरअसल, वे खोजते हैं लियोनार्दो का चमत्कार
तुम्हारी मुस्कान में
तुम केवल एक चित्रकार की कल्पना नहीं हो
मेरे लिए तुम हो पूरा- स्त्री संसार
जो पैदा हुई लियोनार्दो के दिमाग़ में
जिसको क़ैद कर दिया उसने सुनहरे फ्रेम में
उस वक़्त
असहनीय पीड़ा से गुज़री होगी तुम
उसकी लकीरें
आज भी दिखती हैं तुम्हारे माथे पर
तुम्हें याद है मोनालिसा
मैं भी गई थी
महज़ एक पेंटिंग समझकर
तुम्हें देखने

लेकिन तुम्हारे चेहरे को जब मैंने छुआ
मुझे तुम्हारी गहरी पीड़ा की अनुभूति हुई
और मैं चीख़ पड़ी थी
तुम इतनी पीड़ा के साथ
कैसे खेल रही हो खेल लुकाछिपी का
मुस्कुराहट के साथ?

लियोनार्दो ने जब
तुम्हारी आँख की दाईं पुतली पर
अपना नाम लिखा
ऊफ़्फ़!
कितनी वेदना से गुज़री होगी तुम!
जब उसने तुम्हारे अस्तित्व पर अधिकार किया

न जाने कितने रहस्यों को
समेटे है तुम्हारी मुस्कान
कुछ कहते हैं- ये नखरे की मुस्कान है
कुछ कहते हैं- दुख की मार है
आज तक समझ न पाया कोई
मोनालिसा मुस्कुरा रही है या मायूस है
लोग कहते हैं
तुम्हारी आँखें
हर देखने वाले का पीछा करती हैं
ये भी एक रहस्य है
जिसको केवल मैं जानती हूँ कि तुम्हारी आँखें
अपने मुक्तिदाता को खोज रही हैं
निष्पलक!

आम्रपाली का आत्मकथ्य

हे आम्रपाली!
कब तक भटकती रहोगी
मेरी देह में?
सदियाँ बीत गईं
तुम भटक ही रही हो
वैशाली के आम्रकुंजों से मगध तक
लेकर अपना भिक्षापात्र
गुज़रती हो सड़क-सड़क
ऊँची-ऊँची अट्टालिकाओं के बीच

हे बौद्धभिक्षुणी आम्रपाली!
शायद तुम्हारी आत्मा को
मिल गई है फिर से एक नई देह
आज भी जगह-जगह
देखती हूँ अपनी तस्वीरें
पढ़ती हूँ अपनी रूप-गाथा
तो सोचती हूँ
क्या वो मैं ही हूँ?
जिसकी एक झलक पाने को
तरसते थे असंख्य लोग
लेकिन बस!
अब और नहीं है मुझे स्वीकार

अजातशत्रु का प्यार
देह की माया अब छोड़नी होगी
देह की सच्चाई अब बदल चुकी है
मैंने जान लिया है
क्षणभंगुर है जीवन
मुझे फिर से तलाश है तुम्हारी
हे तथागत!
मुक्ति दो मुझे
खोलो फिर से मेरे ज्ञानचक्षु
ताकि मैं कर सकूँ
ख़ुद से ख़ुद का परिचय
और जी सकूँ एक सम्मानित जीवन
हे तथागत!
उद्धार करो
सुनो प्रार्थना मेरी

बुद्ध ने कहा-
बंद करो!
यह स्त्रीत्व का व्यापार
करो त्याग कलुषित जीवन का
मत बनो सर्वभोग्या
मत हो शुभकर्मों से वंचित
देख बुद्ध के अंदर के
आलोकित प्रकाश को
गिर पड़ी मैं बुद्ध के चरणों पर
भंते! भगवन!
कल्याण करो

मुझ अधर्म नारी का
आतिथ्य स्वीकार करो
करुणामय हो गए बुद्ध
देख मेरे त्याग को
सप्तभूमि की अक्षयनिधि तजकर
मैंने माँगा
बुद्ध से एक सम्मानित जीवन
करुणामय हो गए बुद्ध
संबोधित किया मुझको
हे आर्याअंबा!
करता हूँ तुम्हारा आतिथ्य स्वीकार
धन्य हुई मैं!

हे तथागत!
लेती हूँ शपथ
मैं हो जाऊँगी
प्राणिमात्र के लिए बलिदान
फिर नहीं लूँगी इस पृथ्वी पर जन्म
बनकर आम्रपाली
नहीं फैलाऊँगी सुगंध अपनी देह की
मैंने जान लिया है
देह का सच

रसोई

सिंधु सभ्यता की खुदाई में
एक रसोई मिली है
रसोई में चूड़ियों के कुछ टुकड़े मिले हैं
चूड़ियाँ लाल, पीली, हरी
और नीली हैं
बिलकुल मेरे सतरंगी सपनों की तरह
टूटी हुई चूड़ियों के टुकड़े
मेरे टूटे हुए सपनों के अवशेष हैं
जो चूल्हे की धधकती हुई अग्नि में
स्वाहा हो गए

आज तक सोचती हूँ मैं
परियों की रानी ने
मुझे उड़ने के लिए दिए थे
जो सुनहरे पंख
वो पंख कहाँ गए?
वो पंख
उसी चूल्हे की अग्नि के ताप से
जलकर राख हो गए
उस राख के अवशेष
आज भी रसोई में मौजूद हैं
आदिकाल से ही

बाबा ने कर दिया था
दैनंदिन कार्यों का बँटवारा
मेरे हिस्से आया था
भूख मिटाने का काम
भूख-हर तरह की
लिहाज़ा रसोई बन गई
मेरी कार्यस्थली
जहाँ मैं बनाती हूँ भोजन
भरती हूँ पेट सभी का
बदले में पाती हूँ
अन्नपूर्णा का तमग़ा
बहुत कोशिशें की
इस बँटवारे को समाप्त करने की
मैं भी निकलूँ
देखूँ बाहर की दुनिया
लेकिन हर बार क़ैद कर दी गई
घर की चारदीवारी के अंदर
मेरी आँखों में देखकर आँसू
माँ कहती है-
उड़ना चाहती थी मैं भी
लगाकर सुनहरे पंख
लेकिन, मेरी माँ यानी तुम्हारी नानी ने
गर्भ से ही प्रशिक्षण दिया था
रसोई में निपुण होने का
तुम्हीं बताओ,
रसोई के लिए
तुम्हें प्रशिक्षित करके मैंने

क्या ग़लत किया ?
यही नियति और धर्म है
हमारा-तुम्हारा
कभी खाने में नमक तेज़ है
कभी खाने में नमक कम है
इसको लेकर होती रही हर रोज़
ज़लील मैं
कभी-कभी, बिस्तर की सिलवटें
उभरती रहीं मेरे शरीर पर
और सजती रही
नीली-नीली धारियाँ
न केवल मेरे शरीर पर
बल्कि मेरी आत्मा पर भी
जिसका नीला रंग
इतना गहरा है कि सदियों बाद भी
झलकता है मेरी नसों में
नहीं सुनाई देतीं किसी और को

हमारी हड्डियों के टूटने की आवाज़ें
लेकिन हम उस दर्द के साथ
हँसी का मुखौटा लगाकर
जीते रहते हैं अन्नपूर्णा बनकर
जीवन भर

कुछ औरतों की आँखों में

कुछ औरतों की आँखों में
कभी सपने नहीं होते!
भला नींद में भी सपने क्यों नहीं होते?
दरअसल, सच्चाई तो यह है
कि सपने नींद में आते हैं
पर उनकी आँखों में तो नींद ही नहीं होती
नींद इनकी आँखों से कोसों दूर खो जाती हैं
इनकी परेशानियों में
इनकी घुटती चीख़ों में
इनके दिमाग़ में टहलती यादों में
हर पल नथुनों में घुसती रसोई की गंध में
हालाँकि ये आरतें जानती हैं
वही उनका अपना समय होता है
जब वह निश्चिंत होकर सो सकती हैं
अपनी समस्याओं से दूर
अपने बच्चों और अपने आदमियों से दूर
उनकी भूखों से दूर
लेकिन वे नहीं सोतीं
उनकी खुली आँखें निरंतर करती रहती हैं तसल्ली-
कि सब ठीक है न?

कुछ औरतें रात भर सन्नाटे में

दीवारों से कान लगाकर सुनती रहती हैं
हर गुज़रती पगध्वनियों को
उन्हें नींद न आ सके
इसके लिए वे रात भर करती रहती हैं बातें ख़ुद से
कभी-कभी तो मुँदी रहती हैं उनकी आँखें
लेकिन नींद कोसों दूर रहती है उनकी आँखों से

उनकी नींद इस क़दर उलझी रहती है
ज़िंदगी की गुणा-गणित में
कि उड़ जाती है उनकी आँखों से नींद
कभी-कभी रात के अँधेरे में चुपके से
नींद जब प्रवेश करना चाहती है
उनकी आँखों में तो वे
रिश्तों की उलझी गिरहें खोल बैठ जाती हैं
उन्हें सुलझाने के लिए
नींद फिर खो जाती है उनकी उदासियों में

दिन को समेट लेने के बाद
जब वे नींद की आग़ोश में
बिस्तर पर जाती हैं
वे गुनगुनाती हैं
(आ जा री आ... निंदिया तू आ... मेरी आँखों में आ...)
उस वक़्त भी वो दूसरों को
नींद की थपकियों से सुलाती हैं
दूसरों की आँखों में अपनी नींद को
थोड़ा-थोड़ा कई हिस्सों में बाँटकर
सबको नींद में देखकर
जी भरकर मुस्कुराती हैं रात के अँधेरे में

औरतें अब ख़ुद को पहचान चुकी हैं

शताब्दियों से सो रही औरतें
अब लंबी नींद के बाद जाग चुकी हैं
जाग चुके हैं उनके सोए सपने
मूर्त रूप लेने के लिए
वो औरतें?
हाँ वही औरतें जिनको तुमने
कठपुतली बनाकर रखा अब तक
जब चाहा रुलाया
जब चाहा हँसाया
सदियों से जब तुम्हारे अत्याचारों को सहते-सहते
उनके अस्तित्व पर संकट आ पड़ा
तब उन्होंने सामूहिक होकर
अपनी वेदना स्वीकारी
मिट्टी की अबोध मूरतें नहीं हैं अब वो
उन्होंने भी सुन लिया है
अपनी धड़कनों को
पोछ लिए हैं अपने आँसू
अब उनके कोमल-कोमल हाथ
धीरे-धीरे आक्रोशित होने लगे हैं
अब भिंचने लगे हैं उनके होंठ
तनने लगी हैं उनकी मुट्ठियाँ
पलने लगे हैं

उनकी आँखों में भी सपने
पूछने लगी हैं वो भी अब तुमसे सवाल
अब उनकी हुँकारों से
तुम्हारे अस्तित्व (पितृसत्ता) की नींव
उखड़ने वाली है
तुम रोक सको उनको (मातृसत्ता)
ऐसी तुम्हारी शक्ति कहाँ?
वह जिधर चाहेंगी मोड़ देंगी
समय के बहाव को
अब उन्होंने भी
घर की चारदीवारी से बाहर भी
चलना सीख लिया है
देखकर औरतों का यह रूप
कहीं न कहीं पौरुष
हो गया है भयभीत

पिंजरा

क़ैद किया जब तुमने मुझको
पिंजरा देख मैं घबराई–पिंजरा सोने का था
देख मेरी आँखें चौंधियाईं
धीरे-धीरे तूने मेरे पर कतरे
मैं थोड़ा फड़फड़ाई लेकिन कर न सकी इतना साहस
कि तोड़ के पिंजरा उड़ जाऊँ
उन्मुक्त गगन के पंछी की
टोली में शामिल हो जाऊँ

जो पंख दिए थे तुमने, वे सोने के थे
जड़ दिए उसमें हीरे-मोती
ये पंख केवल दिखने के थे
उड़ने के पंख तो तुमने पहले ही काट दिए थे

अब पिंजरा खोल के तू कहता है
उड़ जा, जा जहाँ है जाना
लौट के तू वापस मत आना
आदत हो गई पिंजरे की
अब कैसी आज़ादी?
मैंने कब सीखा अपने पंखों को फैलाना!
कितने जन्म हुए जब से मैं उड़ी नहीं!
नहीं फड़फड़ाए पंख
बीत गया समय रीते-रीते!

सुन रहे हो न ?

देखो,
हज़ारों-हज़ार निगाहें
देख रही हैं आसमान की ओर
सूरज बंद है उनकी मुट्ठियों में
उनके पाँव जमे हैं ज़मीन पर
मज़बूती से
सधे हुए क़दमों से
करते हुए क़दमताल
वे बढ़ रहीं हैं निरंतर
बिना थके, बिना रुके
वे चल रहीं हैं निरंतर
वे गा रही हैं समवेत स्वरों में
अपनी आज़ादी का गान
तुमने सुन लिया है न ?
तो उन्हें रोकने की कोशिश भी
अब मत करना

मैं, अब चुप नहीं रहूँगी

मैं, अब चुप नहीं रहूँगी
मुझे, बोलना ही होगा
मेरी बातें, शायद तुम्हें अच्छी न लगें
शायद तुम्हारे कानों में
नगाड़े-सी बज उठें मेरी बातें
शायद तुम्हारे कान के पर्दे
इन आवाज़ों को न कर पाएँ बर्दाश्त
फिर भी, अब मैं चुप नहीं रहूँगी
और कहूँगी मज़बूती से अपनी बात
हर बात
क्योंकि, बात निकली है तो अब
बहुत दूर तक जाएगी
हो सकता है मिल जाए
मेरी बातों को
हर उस आवाज़ का साथ
जो शताब्दियों से गूँगी और बहरी थी
और हर घुटती हुई चीख़ के साथ
कर रही थी
अपनी-अपनी बारी का इंतज़ार

आज़ादी

एक रात
एक तारा आसमान से टूटकर
मेरे घर के आँगन में गिरा
सुबह मेरी नींद खुली तो देखा
एक सफ़ेद चिड़िया इधर-उधर फुदक रही थी
मैंने उसको पास बुलाया
पहले वह डरी, लेकिन फिर पास आई
मैंने उसको सहलाया
उसकी आँखों में देखा और कहा 'प्यार'
उसने हाँ में सिर हिलाया
वर्षों तक वह मेरे साथ रही

कुछ वर्षों बाद एक रात फिर
एक और तारा मेरे आँगन में गिरा
सुबह मेरी आँख खुली तो देखा
मैंने देखा एक सफ़ेद चिड़िया
मेरी चिड़िया के साथ-साथ फुदक रही है
मैंने कहा 'प्यार'
उसने कहा 'आज़ादी'
दोनों ने पंख फैलाए
और मेरे देखते ही देखते
दोनों उड़ गईं खुले आकाश में

ख़्वाब

क़ैद कर लो उन ख़्वाबों को
जो चुपके से हर रात
तुम्हारी नींद में आकर सो जाते हैं
जो लाते हैं तुम्हारे चेहरे पर
मंद-मंद मुस्कान
और मिटाते हैं तुम्हारी दिन भर की थकान

अपने ख़्वाबों में तुम
अपनी मल्लिका होती हो
तुम्हारा होता है अपना रचना-संसार
सपनों में ही सोते-सोते
तुम कर आती हो अनंत समुद्र की यात्रा
पकड़ के वक़्त की उँगलियों को
पंखों में बसंत को बाँधकर
तुम नाप आती हो पृथ्वी और आकाश की दूरी
ख़्वाबों में ही सही तुम कुछ क्षण
अपने स्वजनों के साथ बैठकर
कुछ अपनी कह लेती हो
और कुछ उनकी सुन भी लेती हो
चल पड़ती हो कभी-कभी
तुम अपने बचपन की डगर पर
और कर लेती हो फिर से

अपने ज़िंदा होने का एहसास

ये ख़्वाब तुम्हारे
तुम्हें भर देते हैं नई ऊर्जा और
नए उत्साह से
सपनों में ही सही तुम क्षण भर के लिए
विद्रोही हो जाती हो और
निकाल लेती हो शताब्दियों की भड़ास
सोचती हूँ
आँखें मुंदी रहें और चलता रहे
सपनों का ये संसार

अंकुर

स्त्री हैरान है
उसने अपने समस्त दुखों को
पोटली में बाँधकर
ज़मीन के अंदर गाड़ दिया

कुछ दिनों बाद उसने
उसी बंजर ज़मीन पर
उगते अंकुर को देखा
उस अंकुर से फूट रहा था
उम्मीद का प्रकाश
भर गया सूरज उसकी आँखों में
बंद हो गया चाँद उसकी मुट्ठियों में
आस-पास से गुज़रती हुई हवाओं ने
फुसफुसाते हुए उसके कान में कहा
हवा और प्रकाश सबका है
धरती और आकाश सबका है
फिर न सहो भेद किसी का
लपेट लो अपनी उँगलियों में
धरती और आकाश के विस्तार को
बदल दो अपनी लेखनी से
अपने कर्मों और शताब्दियों से घुटते हुए
अपने इतिहास को

सिलाई

स्त्री सिलाई कर रही है
शताब्दियों से उधड़ी हुई
अपनी देह को ढकने की कोशिश में
अनवरत सिलाई कर रही है वह
स्त्री ने दिन और रात को
बनाया है सुई और धागा
और सिल रही है अनवरत अपने दुखों को

स्त्री अनवरत सिल तो रही है
लेकिन दिन के फटे थैले से
झाँक रहे हैं उसके दुख
रात में उसके सपने
फटेहाल टहल रहे हैं इधर-उधर
फटा हुआ उसका मन
इंतज़ार कर रहा है अपनी बारी का
अचानक!
वक़्त की सुई चुभती है
छलक आते हैं उसके आँसू
लेकिन स्त्री रुकती नहीं है
अनवरत सिलती रहती है
कभी तन के फटे को
तो कभी मन के फटे को

मैं भी उड़ना चाहती हूँ

मैं सदियों की क़ैद से
मुक्त होना चाहती हूँ
गले में घुटती हुई चीख़ को
ठहाकों में बदलना चाहती हूँ
उनींदी-उनींदी-सी नींद में
देखे गए सपनों को
नींद के बाहर भी
पूरा करना चाहती हूँ
खुली हवा में साँस लेना चाहती हूँ
खोल देना चाहती हूँ अपने पंख
और उड़ना चाहती हूँ
नीले आकाश तक
बतियाना चाहती हूँ सूरज से
खेलना चाहती हूँ चाँद के साथ
पाट देना चाहती हूँ
धरती और आकाश की दूरी को
आँखों में भरकर सपने
एक ही उड़ान में
नाप देना चाहती हूँ संपूर्ण ब्रह्मांड
तुम भी चाहो तो
उड़ सकते हो मेरे साथ
लेकिन इतना ध्यान रखना

उड़ते समय यह मत कहना-
‘धीरे उड़ो, मुझसे पीछे चलो
और केवल मेरी सुनो’

सुनो,
अब खोल दिए हैं मैंने अपने पंख
अब उड़ूँगी मैं अपने आकाश में
तेज़ गति से उड़ते हुए
फैलाऊँगी अपने सुनहरे पंख
और निकल जाऊँगी तुमसे आगे
क्योंकि अब मैंने नींद के बाहर भी
सपने पूरे करना सीख लिया है
अब नहीं दूँगी
उड़ने के लिए तुम्हें अपना आकाश
नहीं करूँगी बँटवारा अपनी शक्ति का
अपनी सामर्थ्य का
अपनी सूझबूझ का
नहीं बनूँगी मेरुदंड तुम्हारे विकास का
अब और नहीं घिसटना चाहती
अब मैं भी अपने पैरों से चलना चाहती हूँ
दौड़ना चाहती हूँ
और निकल जाना चाहती हूँ
तुमसे आगे, मीलों आगे

मासूम चिड़िया

तुमने कहा-
तुम मुझे प्यार करते हो
मैंने मान लिया
लेकिन तुम तो अर्जुन थे
मेरे अंदर की भोली, नन्ही,
मासूम चिड़िया की आँखों में
उमड़ते-घुमड़ते प्यार को
पहचान लिया था
तुमने देखा था
केवल मेरी आँखों का राग
पर उन आँखों में भी कोई सपना है
इसको नहीं पढ़ पाए थे तुम
तुम्हारा निशाना अचूक था
मेरी आँखों में बसी चिड़िया
कहाँ बच पाती तुम्हारे वार से!
तुमने लक्ष्य-भेदन किया
और पूर्ण किया अपना मनोरथ
लेकिन मेरी आँखों में
आज भी वो नन्ही मासूम चिड़िया
लहूलुहान पड़ी है
क्या वो तुम्हें
कभी नहीं दिखाई देती?

स्त्री का संवाद

स्त्री गूँगी है
वह एकांत में बोलने का अभ्यास करती है
उसके ऊपर के होंठ सवाल करते हैं
नीचे के होंठ जवाब देते हैं

स्त्री अब बुदबुदाने लगती है
जीभ बेचैन हो उठती है
वह भी संवाद में भागीदार बनती है
अब स्त्री बोल उठती है
कान उसकी बातों को सुन लेते हैं
आँखें आश्चर्य से फैल जाती हैं
स्त्री अपनी हँसी को रोकने की
नाकाम कोशिश करती है, मगर हँसी रुकती नहीं
हँसी फिसलती जा रही है उसके होठों से
हँसी रोकने के लिए अपने मुँह पर अपना हाथ रख लेती है
हाथों की उँगलियों की दरारों से
वह देखती है
कुछ परिचित और कुछ अपरिचित चेहरों को

अब स्त्री
पागल घोषित कर दी जाती है
अब न वह हँसती है, न वह रोती है
न ही वह संवाद करती है

संपत्ति

संपत्ति-फ़ॉर्म में
दिए गए कॉलम को
मैंने बहुत ध्यान से पढ़ा
समझ नहीं पा रही थी कि
वर्षों से संचित अपनी संपत्ति को
किस श्रेणी में रखूँ-
चल में या अचल में!

मेरे पास अर्जित संपत्ति थी
एक बूँद आँसू
कुछ अधूरे सपने
छले जाने का दंश
एक सिसकी
गले में घुटती हुई चीख़
मैं इन सबको किस श्रेणी में रखती!

अंततः लोगों से सलाह-मशविरा कर
भारी मन से मैंने
संपत्ति- 'कोई नहीं' के कॉलम पर
सही का टिक लगाया

औरत

औरत,
तुम क्या हो ?
क्या तुमने कभी सोचा है ?
मैं उत्तर देती हूँ
तुम पुरुष के हाथों
खेला जाने वाला एक खिलौना हो
नाम है तुम्हारा- 'अजूबा'
आकार-प्रकार है तुम्हारा
कुछ-कुछ काठ की कठपुतलियों जैसा
तुम यंत्रवत पालन करती हो
उसके दिशा-निर्देशों का
वह बोलता है, तुम सुनती हो
वह चिल्लाता है, तुम चुप रहती हो
कभी-कभी मुझे लगता है
तुम गूँगी हो
और तुम बहरी भी हो

तुम स्वतंत्र नहीं हो कुछ भी करने के लिए
तुम्हारे ऊपर चढ़ा हुआ है
उसके एकाधिकार का आवरण
अक्षम्य होती है उसके लिए
तुम्हारी छोटी-सी भूल भी

तुम गुज़रती हो उस अपराधबोध से
जो तुमने किया ही नहीं
तुम्हें चोट पहुँचाने में
भूल जाता है वह
कि तुम्हारे भी कुछ सपने हैं
तुम्हारी भी कोई जिजीविषा है
तुम्हारी भी कोई अस्मिता है

औरत,
तुम्हारी कोई जाति नहीं है
कोई उपजाति भी नहीं है
तुम बँधी हो वर्ग के खूँटे से
वो वर्ग कोई भी हो
तुम्हारी स्थिति सभी वर्गों में है समान
हाशिया ही है तुम्हारी पहचान

परिवर्तन न होगा तुम्हारी स्थिति में
तुम्हारी परिस्थिति में
चाहे हो कोई भी सरकार
उस सरकार में भी बैठा होगा
घर-घर का एक मनु
जिसे पसंद नहीं है तुम्हारा मुस्कुराना
तुम्हारा इतराना
इंद्रधनुषी रंग भरकर
तितलियों की तरह मंडराना

निर्धारित है परिधि तुम्हारी
उसी के अंदर तुम्हें चलना है

जकड़ी हुई मान्यताओं के साथ
तुम्हें जीना और मरना है

कभी-कभी तुम्हारे बुदबुदाते होंठ
और छलकते आँसुओं को देखकर लगता है
तुम्हारे अंदर है अवशेष
स्वत्व के बोध का
फिर तुम्हारे अंदर का 'अस्मि'
है क्यों इतना सोया-सोया?
कब सुनाई देगी
तुम्हारी चुप्पी की दहाड़?
कब भरेगी तुम्हारी चुप्पी अपनी हुँकार?
कब बनेगा तुम्हारा अनबोलापन तुम्हारी ताक़त?

मुझको इसका रहेगा इंतज़ार

मुझे भी चाहिए जीवन जीने का पूरा अधिकार

मुझे भी चाहिए
जीवन जीने का पूरा अधिकार
उड़ने के लिए चाहिए पूरा का पूरा आकाश

जब पैदा हुई मैं
ख़ुशी किसी को नहीं मिली
मेरे भी दो हाथ हैं
दो पैर हैं
नाक है और कान हैं,
और है औरों की तरह दिमाग़ भी
फिर क्यों होता है इतना विभेद ?

हे जननी !
पहली पाठशाला तो तेरी थी
फिर तूने क्यों स्वीकार किया
मौन होकर उन अत्याचारों को
जो हुए मेरे विरुद्ध ?

मैं जो थी, तेरा ही प्रतिरूप
उसको भी तूने यही ज्ञान दिया
कि मत कर तू मान और अभिमान
तुमने कभी मुझे सम्मान भी नहीं दिया
तेरी हर पीड़ा मुझे झकझोर देती है

अंतरतम तक
तेरे हर आँसू ढुलकते हैं मेरे गालों पर
फिर तूने ही क्यों मुझे कमज़ोर किया?
तूने ही क्यों मेरे साथ
इतना विभेद किया?

मैं रूप हूँ तेरा
प्रतिरूप हूँ तेरा
काश मैं होती ग़ुरूर भी तेरा!
लेकिन इस काश को तूने
कभी मान नहीं दिया
मुझे उड़ने के लिए
कभी आकाश नहीं दिया
हे जननी!
तूने ही क्यों मेरे साथ
इतना विभेद किया?

प्रश्न सुलगते हैं आँखों में मेरे
मैं पूछती हूँ तुमसे बारंबार
क्यों किया तुमने ऐसा?
उत्तर होता है तुम्हारा हर बार-
क्या ग़लत किया?
सदियों से यही तो होता आया है
कैसे बदलूँ मैं तेरा लिबास!

सामाजिक सुरक्षा

रोटी, कपड़ा और मकान के बदले
तुमने गिरवी रखा मेरा जीवन
सामाजिक सुरक्षा की दुहाई दी
और क़ैद किया मुझको दीवारों के अंदर
बिठा दिया पहरा मेरी सोच पर
रीतियों, रिवाजों और रस्मों की दीवार खड़ी की

मैं तोड़ देना चाहती हूँ इस दीवार को
देखना चाहती हूँ
इसके पार की दुनिया
एहसास करना चाहती हूँ
भयमुक्त और भारमुक्त जीवन का
शक्ति, बुद्धि और विवेक में
तुमसे नहीं हूँ कमतर
लेकिन ज़िम्मेदारियों के बोझ तले
दब जाती हूँ

चाहती हूँ आज
अपनी हैसियत, अपना विकास और अपना विस्तार
सहधर्मिणी हूँ तेरी
लेकिन हाँ में हाँ मिला नहीं सकती
कसती हूँ तुझे तर्क की कसौटी पर
फिर व्यक्त करती हूँ

अपनी सहमति-असहमति
चल पड़ी हूँ उन रास्तों पर अब
जो मैंने बनाए हैं ख़ुद अपने लिए
सीने में आक्रोश को दबाए
करती हूँ अपने वजूद की तलाश
रोक न पाओगे तुम मुझको
जब मैं भी तुम्हारी तरह बन जाऊँगी
तुम आवाज़ दोगे तो भी
मैं लौट के नहीं आऊँगी
तुम्हारी दुनिया में घुटता है अब दम मेरा

मुझे भी तुम्हारी तरह जीना है
नहीं बसानी मुझे
तुम्हारी दुनिया के अंदर अपनी दुनिया
तुम्हारे रोटी, कपड़ा और मकान से
जीवन तो नहीं कटता
अब बहुत हो चुका
तुम्हारी हैवानियत की इंतेहा
अब फ़ैसले का दिन मुक़र्रर हो चुका है

विरासत

लड़की ने सातवें फेरे की ओर
तेज़ी से क़दम बढ़ाया
क़दमों की तेज़ी को ससुराल वालों ने
आँखों ही आँखों में रिप्ले करवाया
सभी इसी निष्कर्ष पर पहुँचे–
'लड़की बहुत तेज़ है'

तमाम षड्यंत्रों के जाल
फेंके जाने लगे
लोग कहते, शुरू से नकेल कसकर रखना
लड़की के ससुराल में पहले दिन से ही
सब अपने-अपने तरीक़ों से
उसके क़दमों में बेड़ियाँ पहनाने की
कोशिश में लग गए
लड़की की माँ ने उसको
ससुराल में समायोजन का एक मंत्र दिया था
'बेटी, किसी का जवाब मत देना
किसी को शिकायत का मौक़ा मत देना'

दिन, महीने, साल बीतते गए
लड़की रोज़ समायोजन करती
रात को यह दृढ़निश्चय करके सोती-
कल ज़रूर बोलूँगी

सुबह उठते ही
माँ की नसीहतें याद आ जातीं
फिर वह शब्दविहीन हो जाती
अक्षर काँपने लगते उसकी ज़ुबान पर आकर
धीरे-धीरे लड़की मौन धारण करती गई
अब वह संस्कारी बहू कहलाने लगी

वर्षों बाद लड़की के पुत्रों का
विवाह संपन्न हुआ
घर में फिर वही कहानी
उसकी बहू के साथ दुहराई जाने लगी
लेकिन अब इस कहानी की सूत्रधार
वह ख़ुद थी
नित नए-नए षड्यंत्र वह रचती थी
अब टूट चुका था उसका मौन
इस प्रकार अपनी भूमिका से
वह जीवित रखना चाहती थी
अपनी विरासत

माँ कहती थी काश मैं चिड़िया होती!

मुझे आज भी याद है
खुली खिड़की से देखते हुए
माँ कहती थी-
काश मैं चिड़िया होती!
उड़ जाती सुदूर आकाश में
तिरती रहती बादलों की ऊँचाइयों में
पसारे अपने पंख

मैं भी अपनी मासूम मुस्कुराहट के साथ पूछती-
माँ, क्या मैं भी उड़ सकती हूँ
तुम्हारे संग?
सुनकर मेरा प्रश्न
हो जाती थी माँ बेचैन
अपनी साड़ी के पल्लू से पोछती थी
अपनी आँखों के भीगे हुए कोरों को
और उसके चेहरे पर लिपट जाती थी
फिर एक स्याह अँधेरी रात

आज इतने वर्षों बाद मैं समझ पाई
कि माँ क्यों कहती थी
काश मैं चिड़िया होती!
उड़ जाती गगन के पार!

कुछ तो नहीं बदला
माँ के समाज और मेरे समाज में
बस आते-जाते चेहरे
कुछ परिचित लगते हैं
कुछ अपरिचित लगते हैं
आज वर्षों बाद मैं कह सकती हूँ
कि मैं भी उड़ जाना चाहती हूँ
सुदूर आकाश में
खो जाना चाहती हूँ बादलों के बीच
जाना चाहती हूँ तुम्हारी दुनिया से दूर
क्या तुमने कभी सोचा है ?
होकर आज़ाद तुमसे
मैं क्यों उड़ जाना चाहती हूँ ?
और खो जाना चाहती हूँ
आकाश की ऊँचाइयों में ?
क्योंकि जब भी मैंने
अपनी इच्छाओं का पिटारा
तुम्हारे सामने खोला-
उड़ना चाहती हूँ मैं आकाश में
तो तुमने छीन लिया मेरा आकाश
तोड़ना चाहती हूँ चाँद-सितारे
तुमने खिसका दी मेरे पैरों के नीचे से ज़मीन
जब बार-बार गिरी मैं, औधें मुँह
तुम दूर खड़े
बिखेरते रहे अपनी कुटिल मुस्कान
यक़ीन मानो
यदि तुम्हारे षड्यंत्रों का सिलसिला

यूँ ही चलता रहा
तो एक दिन घोषित कर दी जाऊँगी मैं
एक लुप्तप्राय जीव
तब तुम खोजोगे
श्रद्धा को मनु
फिर से बसाओगे एक नई दुनिया
फिर करोगे शिकार
एक चतुर शिकारी की तरह
इसलिए तजकर तुम्हारी दुनिया
मैं फिर से बसाना चाहती हूँ
सुदूर आकाश में
बादलों के बीच में
एक नई दुनिया

बाँझिन

(नारी की रचना इसलिए हुई है कि पुरुष अपने पुत्रों, देवताओं से वंश चला सके- ऋग्वेद)

स्त्री परेशान है
वह पढ़ रही है ऋग्वेद
वह समझ जाती है
अपनी उत्पत्ति का कारण
और अपने जीवन का मूल उद्देश्य
उसके विवाह के पाँच वर्ष पूर्ण हो चुके हैं
अभी तक उसकी कोई संतान नहीं है
स्त्री परेशान हो जाती है
वंश कैसे आगे बढ़ेगा ?
वंश नहीं आगे बढ़ेगा तो
उसके जीवन का मूल उद्देश्य
समाप्त हो जाएगा
स्त्री परेशान है
उसका नया नामकरण होता है- 'बाँझिन'

अपने नए नाम का अर्थ जानने हेतु
वह शब्दकोष पढ़ती है
उसकी पीड़ा आँखों से
सीधे दिल में उतर जाती है
स्त्री परेशान है
नए नाम के साथ

क़दमताल करने लगती है
पुकारने पर वह प्रतिक्रिया देने लगती है

स्त्री परेशान है
कल तक जो उसके अपने थे
आज ग़ैरों-सा व्यवहार करने लगे हैं
सबने उसे 'बेकार की चीज़' समझकर
घर से निकाल दिया

स्त्री सोचती है-
कहाँ जाए, क्या करे?
स्त्री अपने मायके जाती है
माँ को गुज़रे ज़माने हो चुके हैं
भाभी गर्भवती हैं
वो अपने वंश को
आगे बढ़ाने के लिए अग्रसर हैं
स्त्री भूखी-प्यासी है
उसने जैसे ही
पानी का गिलास अपने होंठों से लगाया
दूसरे कमरे से आती हुई
अपनी भाभी की आवाज़ सुनी-
'इस बाँझिन को घर में मत रखना
मेरे होने वाले बच्चे को
नज़र लग सकती है'
ये सुनते ही
गिलास उसके हाथ से छूट गया
और आँखें छलक पड़ीं

स्त्री परेशान है
उसकी आँखों के आगे
अँधेरा छा जाता है
आँख खुलती है
तो वह ख़ुद को नारी निकेतन में पाती है

स्त्री दृढ़ निश्चय करती है
वह अपने जीवन का
मूल उद्‌देश्य प्राप्त करेगी
स्त्री अब पुनर्विवाह करती है
स्त्री बहुत ख़ुश है
झरती है हँसी उसके होठों से
एक दिन स्त्री की मौत हो जाती है
मायके और ससुराल वालों के कान
फटे के फटे रह गए
यह सुनकर कि
वह स्त्री अपने पीछे
एक भरा-पूरा परिवार छोड़ गई है
उसके अपने चार-चार बेटों ने
उसकी अर्थी को कंधा दिया

नहीं देनी अब और अग्निपरीक्षा

जब उगा था
सृष्टि का पहला सूरज
चाँद भी देख मुस्कुराया था
मुझको-तुमको

जब बनी थी सहचरी मैं तुम्हारी
खाया था ईश्वर के बाग़ का सेब
बराबर किए थे उसके टुकड़े
न तनिक कम, न तनिक ज़्यादा
एकदम बराबर
आज शताब्दियों बाद भी
हे आदम!
कौंधता है मेरे दिमाग़ में एक प्रश्न
तुम इतने बलवान और
बुद्धिमान कैसे हो गए?
कैसे धीरे-धीरे अपने षड्यंत्रों से
तुमने प्रहार किया मेरे पूरे अस्तित्व पर
और बन गए तुम मेरे भाग्य नियंता
कभी-कभी
अपना मनोरथ पूरा करने के लिए
तुम मुझे डराते हो
कभी धमकाते हो

कभी अपनी लाल-लाल आँखों के अंगारों से
मुझे जलाते हो
कभी-कभी मैं डर जाती हूँ
कभी विद्रोही बन जाती हूँ
तो तुम मुझको कुलच्छिनी
और गंदी औरत के तमगे से नवाज़ते हो

हे आदम!
ईश्वर ने मुझको भी इंसान ही बनाया था
मेरी नसों में भी दौड़ता है लहू
लाल-लाल दहकते अंगारों जैसा
फिर कैसे तुमने मुझको अपना पालतू बनाया?
कभी प्यार से, कभी दुत्कार से
अपने आशियाने के एक कोने में बिठाया
कोई भी जैविक
कोई भी मनोवैज्ञानिक
कोई भी आर्थिक नियति
मेरे भाग्य का नियंता नहीं हो सकती
अत: हे आदम!
अपने इस षड्यंत्र में तुमने
पूरी सभ्यता को अपने पक्ष में मिलाया
और धीरे-धीरे तुमने मुझको इंसान से
एक अजीब-ओ-ग़रीब जीव (औरत) बनाया

जब-जब मैंने
तुम्हारे घर की चौखट लाँघनी चाही
तुम्हारे विरुद्ध आवाज़ उठानी चाही
तब-तब तुमने मुझको

प्रेम या क्रोध से
पुनः अँधेरी खोह में धकेल दिया
कभी तुमने मुझे देवी बनाया
कभी मेरे शरीर और आत्मा को आघात पहुँचाकर
अनंतकाल तक सहने के लिए छोड़ दिया
कितनी अजीब बात है!
लोग कहते हैं,
हम स्वतंत्र देश में पैदा हुए हैं
लेकिन मैं कहती हूँ
हमें अपनी स्वतंत्रता के लिए
आज भी नारीवादी आंदोलन चलाने पड़ते हैं
आज भी मैं नारीपन की बेड़ियों में जकड़ी
छटपटा रही हूँ
आज मैं तुम्हारे साथ
कंधे से कंधा मिलाकर चलना चाहती हूँ
फिर से तुम्हारी सहचरी बनना चाहती हूँ
सदियों से मुझको
चारदीवारी, चूल्हा-चौका, घर-परिवार और
बच्चों की परवरिश तक ही सीमित रखा तुमने
बस! बहुत हो चुका!
अब और नहीं
अब मुझको भी जीना है अपना जीवन
अब मुझे नहीं बनाना है पुरुषों को 'पुरुषोत्तम'
और ख़ुद नहीं बनना है 'सीता'
नहीं भटकना है जंगल-जंगल
नहीं देनी है अब और 'अग्निपरीक्षा'!